해석의 갈등

인간 실존과 의미의 낙원

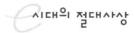

e시대의 절대사상

해석의 갈등

인간 실존과 의미의 낙원

| 윤성우 | 리쾨르 |

살림

*e*시대의 절대사상을 펴내며

고전을 읽고, 고전을 이해한다는 것은 비로소 교양인이 되었다는 뜻일 것입니다. 또한 수십 세기를 거쳐 형성되어온 인류의 지적 유산을 제대로 이해하고, 그 바탕 위에서 새로운 자기만의 일을 개척할 때, 그 사람은 그 방면의 전문가가 될 수 있을 것입니다. 프랑스의 대입 제도 바칼로레아에서 고전을 중요하게 취급하는 까닭도 그와 같은 이유 때문이겠지요.

그러나 예전에도, 현재에도 고전은 유령처럼 우리 주위를 떠돌기만 했습니다. 막상 고전이라는 텍스트를 펼치면 방대한 분량과 난해한 용어들로 인해 그 내용을 향유하지 못하고 항상 마음의 부담만 갖게 됩니다. 게다가 지금 우리는 고전을 읽기에 더 악화된 시대를 살고 있습니다. 변하지 않고 있는 교육제도와 새 미디어의 홍수가 우리를 그렇게 만들고 있는 것입니다.

고전을 읽어야 하지만 읽기 힘든 것이 현실이라면, 고전에 친근하게 다가갈 수 있는 새로운 방법을 응당 고민해야 하지 않을까요? 살림출판사의 *e*시대의 절대사상은 이러한 문제의식을 가지고 기획되었습니다. 고전에 대한 지나친 경외심을 버리고, '아무도 읽지 않는 게 고전'이라는 자조를 함께 버리면서 지금 이 시대에 맞는 현대적 감각의 고전을 만들고자 했습니다.

고전의 내용이 지나치게 주관적으로 해석되어 전달되는 위험을 피할 수 있도록 그 분야에 대해 가장 정통하면서도 오랜 연구 업적을 쌓은 학자들이 자신의 경험을 응축시켜 새로운 고전으로의 길을 열고자 했습니다. 마치 한 편의 잘 짜인 다큐멘터리 프로그램을 보듯 고전이 탄생할 수 있었던 시대적 배경과 작가의 주변 환경, 그리고 고전에 담긴 지혜를 재미있게 습득할 수 있도록 내용을 구성했고, 난해한 전문 용어나 개념어들은 최대한 알기 쉽게 설명했습니다.

이전에 경험하지 못했던 새로운 감각의 고전 *e 시대의 절대사상*은 지적 욕구로 가득 찬 대학생·대학원생들과 교사들, 학창 시절 깊이 있고 폭넓은 교양을 착실하게 쌓고자 하는 청소년들, 그리고 이 시대의 리더를 꿈꾸는 모든 사람들에게 생생하게 살아 숨쉬는 인류 최고의 지혜를 전달할 것이라고 확신합니다.

기획위원

서강대학교 철학과 교수 강영안

이화여자대학교 중문과 교수 정재서

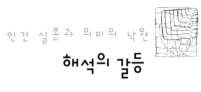

인 간 실 존 과 의 미 의 낙 원

해석의 갈등

1부

폴 리쾨르

Le conflit des
interprétations

저잣거리를 다니면서 개선장군에게 전쟁이 무어냐고 묻고, 저명한 법관에게 정의가 무어냐고 묻고, 아름다운 여인에게 아름다움이 무어냐고 묻는 작업이 소크라테스의 철학이었다면, 철학에만 내재하는 역사에 안주하기를 거부하면서 끊임없이 철학을 그 외부와 소통시키는 철학, 철학에는 고유한 영역이 아예 없다고 말하며 쉼 없이 철학 스스로의 폐쇄성과 자만심에서 벗어나려는 철학, 늘 새로운 사유의 고원(高原)을 만들고 그곳에서 늘 새로운 의미의 주름들을 다시 펼쳐가는 철학, 아마도 그런 철학이 리쾨르가 궁극적으로 표방하는 철학일 것이다.

1장

의미를 찾아 방황하던 실존

리쾨르에 이르는 길

지구상에 존재하는 그 무엇과의 만남, 그리고 그 누구와의 만남에 대한 이야기는 특성상 모두 사후적(事後的)일 수밖에 없다. 다시 말해 그 만남의 사건 이후에 회고적으로나 가능한 일이지 선험적(先驗的)으로 기획되거나 예정된 방식으로 진행되지는 않는다. 하고많은 책 중에, 하고많은 사람 중에 왜 하필 그 책 그 철학자냐는 질문에 정답은 없다. 오직 그렇게 물을 수 있을 뿐, 격에 맞는 제대로 된 답을 할 수는 없는 일이다. 만남의 동기나 이유는 많은 경우 주관적이며, 때로는 그럴듯해 보이고 때로는 설득력이 있어 보일지는 몰라도 좀처럼 객관적이기는 어려운 일이다. 조우(遭遇)의 동기와 그 맥락들도 나중에 발견할 수 있는 일이지, 그 만남을 필연적으로 강제하거나 구속했던 원인을 찾기란 애초부터 적절하지 않다. 다만 위대한 저작, 그리고 위대한 철학자로부터 받은 경이와 감동이 그 만남에 대한 이야기를 만들어내는 추동력이 될 뿐이다. 경이로움과 감동으로 며칠 밤을 뜬눈으로 지새워본 이들에게 그 만남의 이야기는 자신이 빚진 자라는 고백이자 그 빚에 대한 의식화의 소산이다.

돌이켜 보면 지금은 그 방황의 얽히고설킨 실타래의 갈래들을 나누어볼 수 있지만, 1990년 한반도의 방황하던 한 젊은이에게는 많은 것이 불분명했고 절망의 기분이 자주 엄습하곤 했다. 1987년의 6월 항쟁은 나름의 성과와 진전을 낳았으나 민주화 운동은 무척이나 더디고 인내를 요구하는 것임을 절감하게 했다. 한반도의 총체적 모순이 분단에서 기인한다는 공감대가 일반에까지 널리 퍼졌고, 앞서 가는 통일 운동으로 그 장벽을 뚫고 나가려는 선취적인 시도들로 나라는 내홍(內訌)을 앓았다.

사상적으로는 독일 철학의 오랜 유산과 그 전통의 쇠퇴적인 분위기가 일반화되어가는 듯했고, 영미 분석철학의 지배적인 영향력은 급변하는 사회 분위기와 환경에 늘 기민하게 대응하는 것은 아니었다. 이른바 포스트모더니즘이라는 이름으로 둔갑한 또 하나의 정체불명의 조류가 사상과 철학 시장의 진공을 빠르게 메우기 시작했다. 그 명칭과 근원에 대한 논란과 시비가 일기도 했고, 어떤 이들은 그 테제들의 급진성에 반발하기도, 다른 이들은 그 참신성에 기대와 호응을 보내기도 했다. 항상 그러하듯 이 새로운 사유들의 도래에 대한 진지한 논의와 그 올바른 수용에 대한 성찰이 제때 적절하게 이루어지지 않았다. "아름다운 것들은 아주 드문 만큼이나 어렵다."고 헤겔이 말하지 않았던가?

절망은 내 존재의 끝이 아니라 시작에 불과하다는 것을 나 스스로 발언하고 선언할 수 있도록 해준 것이 작가 이문열의 『젊은 날의 초상』 마지막 페이지였다면, 이 선언을 진정으로 실행하도록 해준 것은 종교적인 삶들이 주는 영감(靈感)과 철학적 텍스트들이 제공하는 정연함과 중후함이었다. 물론 종교와 철학이 그 문제 제기의 방법과 해법들, 그리고 그 해답들의 영향력을 서로 비교하기란 처음부터 무리가 있겠지만, 내게는 문제적 상황과 그 해결의 과정과 시도, 그리고 마침내 구원 또는 새로운 문제 상황의 도래라는 다소 유사한 구조적 양상을 띠는 듯했다. 세계를 바라보는 창(窓)이라는 관점에서도 그 둘 사이에는 오래전부터 친화성이 있어 왔다. 종교의 영성과 철학적 사유의 깊이는 내게서 서로 조응하기도, 서로 길항(拮抗)하기도 했다. 서로 간의 길항은 주로 인식론적 측면에서였고, 조응은 존재론적 측면에서였다. 의심과 비판의 능력만이 참된 앎의 추구를 위해 환영받는 분위기가 철학에서 주조를 이루지만, 우주와 세계에 존재하는 존재자들의 의미와 심지어는 그 목적에 대해서도 감히 언급하려 한다는 점에서 철학과 종교, 이 둘은 도반(道伴)같이 보였다.

한편으로 종교적 삶의 내용들이 가지는 진실성을 의심하지는 않았지만, 그 인식론적 지위의 취약함과 제약성을 고려하지 않으면 안 되었다. 아마도 그런 진지한 고려야말로 다양한 종교 체험의 공간들이 서로 의미 있게 소통할 수 있게 하는 출발점이 된다는 절박감이 내게 자리 잡았다. 그런 시도들의 성공적인 결과물로서 나는 종교학자 엘리아데(Mircea Eliade)의 『성(聖)과 속(俗)』 『영원 회귀의 신화』 등을 탐독했다. 이런 책들의 매력 내지 마력은 지금도 성급한 계몽과 편협한 환원주의에 대한 예방주사와 같은 역할을 한다고 감히 말할 수 있을 것이다.

또 한편으로 철학적 담론들의 명징성과 논리력은 실존적 문제와 개인적 방황에 적지 않은 해결의 구도와 시사점을 제시해줄 수 있었다. 그런데 데카르트의 『성찰』과 『방법서설』, 비트겐슈타인의 『논고』와 『철학적 탐구』, 하이데거의 『존재와 시간』 등이 보여주는 철학적 체계성이나 명료성 또는 심오함은 충분히 경도될 만큼 위대한 것이었지만, 이 저작들이 열린 하늘과 딛고 있는 땅을 모두 포괄하는 우주적 체험을 명시적으로 접근하지는 못한 것처럼 보였다. 또한 이 저작들은 더 이상 외부의 우주가 아니라 작지만 나름의 불투명성을 지닌 내면의 욕망 어린 체험을 제대로 해명하지 못한 것처럼 보였다. 지금에야 철학과 종교 간의 차이 나는 담론들을 유기적으로 연결할 수 있는 개념어들을 이렇게 열거할 수 있을 것 같다. 우주, 성스러움, 욕망, 의미, 실존, 타자, 세계, 언어……

이런 추상어들에 구체적인 살결을 조금씩이나마 붙여보면 어떠할까? 나를 초월의 지평으로 부르는 우주와 성스러움, 주기적 순환성의 연결고리에만 얽매이지 않았던 욕망, 늘 찾아 헤매던 그 견고하면서도 사멸적인 의미, 영육의 분리에서 결합에 이르는 사이를 하염없이 가로지르던 실존, 지독한 소통 불가능의 궁지로 몰아넣었던 타자, 나의 현재적인 내던져짐을 우연적으로 혹은 필연적으로 감싸 안은 세계, 불투명의 심연에 빠져 있을 때 간혹 구조 신호와 같이 빛나던 언어……

1990년대 초반 아마도 나는 이런 개념어들의 능선을 오르기는 했어도 전체적인 조감이나 전망을 제대로 갖추지 못했음은 자명하다. 어느 정상이든 그곳을 밟아보지 않고는 지나온 능선들의 고도나 좌우를 논할 수 없는 법이다. 창공에 빛나는 개념들의 좌표로 실존의 체험이라는 대지를 분석하여 밝혀주는 지도를 단번에 구한다거나 직접 작도(作圖)하기란

(좌)『해석의 갈등』
1969년. 발간 당시의
초판본 표지.
(우)폴 리쾨르.
1996년 자택 서재에서.

세기의 철학적 천재들에게나 가능할 법한 일일는지도 모른
다. 철학적 텍스트는 결국 일종의 지도이고, 이런 텍스트에
대한 훈련은 일종의 독도법(讀圖法)과도 같은 것이다. 내가
나에게 수수께끼 같은 존재로 남아 있었던 적은 없었던가?
내가 나를 어떻게 읽어낼 수 있단 말인가? 나는 이런 방대한
지경(地境)을 지닌 여러 체험의 갈래들을 유의미하게 엮어낼
지도가 절실히 필요했다.

아마도 얼마간의 주의력이 있는 독자라면 왜 내가 문제의
이 책을, 이 철학자를 고집하는지에 대해 아직 한마디도 하지
않았다는 사실을 간파했을 것이다. 나는 그냥 이 저작과 이
철학자와의 만남을 가능하게 했을 법한 어렴풋한 개인적이
고도 사상사적인 맥락만을 말했을 뿐이다. 지금도 나는 굳이
이 저작이어야만 하고, 이 철학자이어야만 한다고 고집하거

나 강변할 생각은 없다. 그럴 만한 이유가 없어서라기보다는 그렇게 하는 것이 생산적인 작업이 아닐뿐더러, 또 이 문제의 저작 『해석의 갈등』 및 철학자 리쾨르(Paul Ricœur)의 정신과 기풍에 배치되기 때문이기도 하다.

내가 주저 없이 충실하고자 하는 것이 있다면 이 철학자의 철학함이다. 이 철학자의 알파와 오메가를 가로지르는 태도에 대해 몇 가지를 미리 말해본다면, 열려 있고 대화하되 강요하지 않고, 갈등과 대면을 피하지 않지만 이는 상대방을 파괴하거나 고립시켜 논파하기 위해서가 아니며, 상대의 약점만 지적하는 것이 아니라 강점을 발견하고 이를 자기화 내지 전유(專有)하며, 대화와 타협을 혼동하지 않으며, 연결과 매개가 절충과 뒤섞이지 않고, 이질적인 것의 수용에 솔직하지만 그것에는 포위당하지 않고, 그리스도교를 신앙하지만 일반적 의미의 기독교 철학을 하지 않고, 그리고 철학자이면서 신앙을 갖고 있기에 여느 철학자들과는 다른 깊이를 갖고 있다.

열림과 개방과 소통의 정신

　우선 이 책의 형식과 우리말 제목에 대해 몇 마디 하고 지나가야겠다. 이 저작은 문제의 철학자 리쾨르가 1960년부터 1969년까지 발표한 강연 원고와 논문들을 그 유기적 관련성에 따라 장과 절로 나누어 다시 묶은 논문 모음집이다. 1960년에 『악의 상징』을 발표하고 1965년에 『해석에 관하여: 프로이트 시론 *De l'interprétation: essai sur Freud*』을 출간한 전후의 글들을 묶은 것으로 보면 된다. 따라서 오직 하나의 중요한 철학적 테마로 기획된 저술이 아니라는 점을 염두에 두어야 한다. 그렇다고 어떤 모종의 일관성이나 전체적 구도를 결여한 단순한 모음집은 아니다.

　원제는 *Le conflit des interprétations: essais d'herméneutique*

『악의 상징』(1960년) 초판본 표지.

이다. 불어에 익숙하지 않은 독자들도 어렵지 않게 책 제목에서 '해석'과 '갈등'이라는 두 핵심적 개념어를 읽어낼 수 있을 것이다.

먼저 불어 conflit는 con+flict로 분석해볼 수 있는데, 라틴어 접두사 con은 '둘 이상이 함께 또는 더불어'라는 의미를 지니고, flict는 '부딪치다, 격돌하다, 싸우다'라는 뜻을 지닌 라틴어 동사 fligere에서 유래되었다. 따라서 '갈등'이라는 우리말 번역에는 문제가 없어 보인다.

다음으로 interprétations라는 단어는 분명 복수 형태인데도 우리말 번역본의 제목에는 그것이 반영되어 있지 않다. 저자인 리쾨르의 의도나 이 저작의 전체적 맥락 그리고 저자의 철학적 주장에 비추어보면, 분명 국역본의 제목은 『해석들 사이의 갈등』 또는 『해석들 간의 갈등』 정도로 옮겨야 하지 않을까 한다. 단지 원전의 제목에서 interprétations이 복수명사라서 그런 것만은 아니다. 사실 이 제목은 1965년 저작 『해석에 관하여: 프로이트 시론』 1권 2장의 제목으로 먼저 등장했는데, 여기서 리쾨르는 프로이트, 마르크스, 니체를 중심으로 한 "의심 활동으로서의 해석"과, 엘리아데, 반델레우, 린하르트 같은 종교현상학자들의 상징 해석을 "의미의 상기(想起)로서의 해석"이라 부르며, 이 두 해석 간의 대립을 "갈등"이라 표현했기 때문이다.

전자의 해석은 한마디로 인간이 지닌 의식(意識)의 능력에 대한 의심과 회의를 주도적으로 제기한다. 각각 무의식, 사회(또는 그 구조), 기만과 거짓으로서의 언어 및 도덕 등이 인간 의식의 자명성(自明性)과 확실성을 좌초시킬 수밖에 없다는 것이다.

반면에 후자의 해석은 종교언어의 이중적 의미 구조를 발견함으로써 초월적 존재자들의 일상적 현전(現前)이 일상어의 이중적 의미 운동 속에서 파악되기 때문에, 일상에 존재하는 모든 것은 초월적 존재와 연결될 수 있는 가능성을 구조적으로 담고 있다는 것이다. 그 예로 '하늘'이 더 이상 성층권의 어느 한 지점이나 바람과 구름이 지나가는 영역만이 아니라, '인간 사회를 지배하는 초월적 원리나 질서(또는 그 담지자)'를 뜻하는 경우를 들 수 있다.

나중에 좀 더 자세히 논의하겠지만, 결국 우리가 언급하고 있는 철학자 리쾨르의 문제의식의 축들을 이루는 몇몇 노선이 『해석의 갈등』(또는 『해석들 사이의 갈등』)이라는 책 제목에 거의 다 압축되어 있다고 해도 좋을 것이다. 관찰에 기반을 둔 묘사나 기술들 사이에서, 입장들 사이에서, 생각들 사이에서, 동일한 의도에 대한 상이한 언어적 표현들 사이에서, 그리고 이 모든 것에 대한 해석들 사이에서 갈등은 불가피하기 마련이다. 왜일까? 그 누구도 진리를 온전히 소유할 수 없기 때문이다. 다만 부분적으로 점유할 뿐이다. 그렇다고 진리의 부분들의 총합을 전체의 진리라고 믿을 수도 없다. 절대의 입장에 무결하게 서 있을 수도 없고, 그렇다고 상대적 관점에만 머물도록 선고받은 것도 아니다. 각자의 입장과 해석은 통약 불가능할 정도의 독특성을 지닐 테지만, 서로 소통이 불가능해졌다거나 대면(對面)이 금지되었다고 미리 전제할 하등의 이유가 없어 보인다. 그래서 갈등은 외재적인 것이 아니라 본래적이며 내재적이다. 리쾨르 철학은 이 점을 군건히 견지한다. 이렇게 열림과 개방과 소통의 정신을 갖는 것이 리쾨르 철학과 이 저작의 진정한 미덕이자 교훈이며, 강조해야 할 철학적 중요성이다.

리쾨르 철학과 이 저작의 언저리를 맴돌고 있는 개념어들을 요약하자면 언어, 그 해석, 구조(언어 구조 또는 사회 구조), 인간 주체로서의 의식의 문제, 무의식, 욕망과 그 의미 등을 들 수 있다. 이 개념어들은 본서 2부의 핵심적 테마를 이루는 요소들이기도 하다. 아마 이 글을 읽는 독자들은 내가 몸소 고민했다고 서두에서 언급한 철학적 문제와 개념들을 다시금 머리에 떠올릴지도 모르겠다. 철학자 리쾨르를 공부하고, 또 소위 '전공'하면서 리쾨르와 나 사이에 느낀 문제의식의 수렴점을 확인한 적이 한두 번이 아니다. 1913년생과 1968년생 사이에 존재하는 55년간의 시간적 지체와, 프랑스와 한국 사이에 엄존하는 9000킬로미터에 달하는 공간적 거리를 의미 있게 연결할 수 있는 장치란 인연(因緣)이라는 모종의 형이상학적 용어밖에 없을는지도 모른다.

『해석의 갈등』의 사상사적 맥락

탐독한 책에 대한 한 개인의 이런저런 언급과 평가를 두고 독자들이 크게 개의할 필요는 없을 것 같다. 기회비용의 관점에서 보자면 철학 텍스트만큼 들인 비용에 비해 독자들이 보낼 수 있는 시간이 긴 책도 없거니와 취미 활동도 단연코 없을 것이다. 2시간짜리 영화 한 편을 감상하는 데 평균 잡아 7000원의 비용이 든다고 치자. 그렇다면 몇 만 원의 비용으로 그에 못지않은 체험과 충격을 몇 개월, 몇 년, 심지어 평생토록 이어갈 수 있다면 독자들은 한번 도전해볼 마음이 생기겠는가? 그 체험과 충격이 반드시 즐거우리라는 보장은 없다. 하지만 결코 경박하지 않을 것이라는 약속은 할 수 있다. 지금 당장 책방에 들러 들뢰즈의 『차이와 반복』과 하이데거의 『존재와 시간』을, 클래식을 좋아한다면 칸트의 『순수이성비판』을 구입해 읽기 시작하라! 솔직히 필자는 이 기나긴 기회비용의 여정에 빠져 지금도 인생을 낭비(?)하고 있다. 건강이 허락한다면 아마도 꽤나 환경친화적으로 CO_2 배출량을 줄여가며 그렇게 오랫동안 살 수 있으리라.

타자와의 만남이 반드시 공리주의적 의미에서의 즐거움을 선사하지는 않을 것이라는 점은 이미 말한 바다. 그 타자가 하나의 철학적 저작이라면 더더욱 그럴 수 있다. 전인미답의 동굴을 탐색한다고 상상해보라! 암석과 물로 가득한 동굴에 익숙하기까지는 많은 시간이 걸릴 테고, 촛불이나 손전등도 반드시 필요할 터이다.

하지만 불빛이 모든 것을 비추어줄 수는 없을 것이다. 빛이 가는 곳은 밝아지겠지만 몸의 움직임에 따라 방금 지나간 지형지물(地形地物)은 어둠 속으로 사라질 것이다. 낮은 자세로 엎드려 손과 발이 전부 더듬이 역할을 해야 할 것이다. 동굴은 온통 경이로운 것들과 태곳적의 새로운 풍경들을 연출해낼 것이다. 새로운 풍경을 따라 더 깊숙이 들어가다 보면 몸은 점차 비가시적인 험로에 익숙해지고, 결국 그 누구도 마셔보지 못한 태초의 공기를 호흡하게 되며, 한 방울의 물소리는 우주적 리듬으로 다가올지도 모른다. 그러나 탐험자의 눈은 동굴의 초입에서부터 어둠을 강요당하고, 낮은 포복도 별

소용이 닿지 않는 온갖 상처를 그 탐험자에게 선사할 것이다.

텍스트라는 타자에로의 진입은 험난한 만큼 상처를 주는 법이다. 동굴이 보여주는 새로운 지경(地境)에 몸을 맡겨야 안으로 진입할 수 있듯이, 새로운 타자적 텍스트 앞에서 독자는 자신의 제한된 이해 능력을 강요해서는 안 된다. 위험할 정도로 텍스트에 독자 자신을 노출할 줄도 알아야 한다. 몸을 낮추어 안으로 깊숙이 진입한 자만이 거기에 동굴이 있음을 말한다. 들어가 본 자만이 거기에 비로소 새로운 동굴의 세계가 있음을 안다. 그렇지 않은 자에겐 동굴은 있되 보이지 않고, 동굴의 세계는 엄존하되 그와는 무관하게 존재할 것이다. 이 모든 것은 탐험과 그에 따르는 인내에 의존적이며 이것에 상대적이다. 이 같은 사실은 땅 밑에서만이 진실이 아니라 땅 위에서도 마찬가지이다. "높이 나는 것들만 멀리 본다."고 하지 않았던가?

사실 독자들은 지금까지 내가 리쾨르의 철학 자체와 『해석의 갈등』의 진정한 내용에 대해 아직 제대로 말하지 않았다는 것을 알 것이다. 얼마간의 가이드 비용(결국 책값이 되겠지만)을 받고 동굴 관광 안내원 역할을 해야 하는 내가 너무 중언부언했는지도 모른다. 만약 그렇다면 모든 직업에 따르는 직업병이 있듯이, 가이드들의 직업병으로 이해해주면 좋겠다. 가이드의 설명이 재미있고 유쾌하면 좋으련만 보장할

길은 없다. 몸짱이 있고 몸치가 있듯이, 말짱이 있고 말치가 있는 법이다. 나는 후자에 가깝다. 다만 가이드로서 나는 동굴 안에는 볼 만한 것과 말할 만한 것이 있고, 우리의 사유를 자극할 만한 것이 있다고 어눌한 입으로 말하고자 할 뿐이다. 이제 가이드가 든 깃발과 불빛을 잘 따라가 보자.

다음과 같은 몇 가지 테제로 내가 선택한 책을 한번 정리해보고자 한다.

1. 『해석의 갈등』은 리쾨르 철학의 사상사적 궤도에서 중간 이음새의 시작을 형성하면서 중기(中期)의 발전 양상을 가장 '다양' 하게 보여주는 저작이다.

'다양하다' 는 말은, 리쾨르가 이론적으로 참여하고 개입했던 20세기의 중요한 철학적·인문학적 담론들에 대한 논의가 약 500쪽에 달하는 이 저작에 거의 모두 망라되어 있다는 뜻이다. 중기라고 해서 1950년대 초기 작업과의 불연속성만을 가진다고 생각해서는 안 된다. 물론 이중적 의미를 지닌 언어적 상징 표현들과 텍스트에 대한 해석학을 본격적으로 전개한다는 점에서 중기는 초기의 현상학적 작업과는 분명 다르다. 하지만 초기 작업에서도 해석의 갈등과 이를 매개하거나 중재하려는 리쾨르의 착상과 노력은 이미 나타나고 있다. 나중에 좀 더 언급하겠지만 특히 프로이트를 해석하면서 그런 일관성의 구도를 어느 정도 유지하고 있음을 밝힐 것이다.

2. 『해석의 갈등』을 돋보이게 하는 다양성의 가장 큰 항목은 구조주의(특히 구조적 언어학 및 인류학)에 대한 진지한 철학적 대응과 수용이다.

대세와 유행을 따르지 않기란 어려운 법이다. 20세기 중후반의 간과할 수 없는 지적 물결이 있다면 이른바 '구조주의'(후기 구조주의도 포함)일 것이다. 하나의 지적 조류가 시대의 정신으로 자리 잡게 되었을 때, 이 흐름에 매몰되지 않으면서 지적 정직성과 열린 마음으로 성찰적 거리를 갖는 동시에 비판적 수용을 시도한다는 것은 희귀한 재능이다. 소쉬르의 언어학적 착상을 보다 광범위하게 인문학 전반에 파종한 구조적 기호언어학 및 인류학에 응답하고 천착하는 아주 성실한 예를 우리는 리쾨르의 작업과 『해석의 갈등』에서 찾아볼 수 있다. 이 점이 『해석의 갈등』이 보여주는 탁월함이자 미덕이다. 사실 '구조주의'(構造主義)라는 개괄적 지칭을 리쾨르는 그다지 즐겨 사용하지 않았는데, 이 명칭에는 모든 '~주의'가 그러하듯 보편적인 설명 모델이나 체계를 구축하고자 하는 야망이 담겨 있기 때문이다. 모든 존재자의 가능 근거나 원리를 찾으려는 형이상학적 열망이야말로 진정 철학적 추동력일 수 있지만, 소위 구조주의자들이 그런 환원주의적 유혹에 제대로 빠졌는지는 확실히 말할 수 없다. 오히려 리쾨르는 명료하게 규정된 각각의 경험의 장들―일상 언어, 원주민의 생활양식, 소설 등―에 적합하도록 응용된 '구조적 분석'이라는 이름을 더 선호했다. 차후에 자세하게 살필 기회가 있을 것이다.

3. 『해석의 갈등』은 프로이트 정신분석학이 데카르트 이래의 서양 근대 철학에 던지는 근본적인 도전을 의식으로서의 인간 주체에 대한 도전으로 규정하고, 인간 주체에 대한 물음의 틀을 다시금 생각하게 한다.

서양 근·현대 철학의 문제 지평을 이 주체의 문제만큼 잘 드러내는 것은 없다고 말할 정도이다. 서양 근대와 현대, 이른바 근대 철학과 탈(脫)근대 철학(포스트모더니즘) 사이의 구분은 물론이요, 이 탈근대 철학의 내부 진영에서도 입장 차이란 결국 이 주체의 문제를 두고 갈라진 입장 차이라 해도 과언이 아닐 정도로 이 물음은 몇 세기에 걸친 서양 철학의 키워드이다. 아마도 스펙트럼의 가장 오른쪽(우파)에 데카르트,

칸트, 후설이 위치하고, 가장 왼쪽에 프로이트, 니체, 푸코, 들뢰즈(좌파)가 포진할 것이며, 이 양쪽과는 얼마큼 거리를 두고 비판적으로 이 문제에 접근하는 이들이 하이데거, 메를로-퐁티, 리쾨르, 레비나스 등일 것이다. 이들 중에서 주체 문제와 결부된 타자(他者) 문제를 동시에 염두에 둔다면 레비나스를 중도좌파로, 하이데거를 중도우파로 분류할 수 있겠다. 우리는 이 문제에 관해 논의를 가장 비중 있게 다루게 될 것이다.

4. 『해석의 갈등』은 이중의미의 언어 표현인 상징(symbole)에 대한 해석 과정의 알파와 오메가, 즉 상징의 정의에서부터 그 해석 방향의 목적에 이르는 전 과정을 보여줌으로써 종교적 삶에 문제되는 죄의 체험과 악의 문제, 그리고 '아버지' 상징에 대한 탈환원주의적 접근을 보여주는 대표적 저서이다.

데리다의 『마르크스의 유령』에서 말하는 유령, 셰익스피어의 『햄릿』에 등장하는 유령과 같은 요소가 리쾨르에게서는 '초월자'와의 관계에 대한 문제의식일 것이다. 아마 리쾨르에 관심을 갖고 있고 『해석의 갈등』 같은 책의 목차라도 훑어본 독자라면 기독교라는 주제가 리쾨르에게서 유령인 양

아른거리며 끊임없이 출몰하
는 존재와 같다는 인상을 갖게
될 것이다. 그런 인상은 대체
로 틀리지 않는다.

리쾨르와 올리비에 아벨.

　프랑스 파리 14구의 불루바
르 아라고에 위치한 작고 아담
한 개신교 신학대학(Faculté

protestante de théologie 또는 Institut protestant de théologie)의
도서관을 우리가 찾아간다면, 그곳에 '리쾨르 아카이브'가 준
비 중이라는 사실을 알게 될 것이다. 최근 작고한 우리의 철
학자 리쾨르가 소장하고 있던 책과 자료 모두가 이곳으로 이
관될 예정에 있다고 한다. 왜 하필 이 개신교 신학대학에 그
의 손때 묻은 텍스트들이 헌정되는 것일까? 그가 1948년 교
수로 처음 부임한 스트라스부르그 대학도, 그 얼마 후 1956
년에 입성한 영예로운 소르본 대학도, 그가 학장으로 있으면
서 설립한 파리 10대학도, 틸리히 후임으로 간 시카고 대학
의 신학부도 이 헌정의 장소로 선택되지 못한 모양이다. 이
작은 신학교에서 리쾨르가 설립한 파리 10대학의 제자이자
친구의 아들인 올리비에 아벨(Olivier Abel)이 철학과 윤리학
을 가르치며 가끔씩 리쾨르에 관한 세미나를 열었고, 또 리쾨
르 자신도 주기적으로 특강을 했다는 사실만으로는 그런 영

광스런 헌정의 이유로 충분한 것 같지는 않다. 개신교 모태 신자로, 개혁교회인 로벵송 교회의 창립 멤버로, 잡지 『에스프리 *Esprit*』의 편집자로, 성서 주석가로, 그리고 시카고 대학교 록펠러 채플의 설교가로서 리쾨르가 그동안 보여준 기독교에 대한 이론적 천착과 실천적 연대가 이 파리 유일의 개신교 신학대학에 대한 각별한 애정으로 나타났는지도 모른다.

어쨌든 철학과 비철학의 경계선상을 넘나들며 작업해온 리쾨르와 기독교의 관계는 보다 더 심오하고 체계적인 연구 주제임이 틀림없다. 그러나 지금 우리는 리쾨르의 종교적 취향과 열정이 그의 철학적 문제 지평에 끼친 긍정적인 측면을 중심으로 언급하고자 한다.

2장

시대적 배경과 사상가론

『해석의 갈등』과 그 시대적 배경

가이드의 안내를 따라 풍경을 감상하노라면 때로는 졸리기도 하고, 때로는 멀미가 나기도 한다. 제대로 설명되지 않은 각종 '~주의'에다 전대미문의 각종 '~학'(현상학, 해석학, 언어학, 정신분석학 등)의 뒤를 따르다 보면 일어날 수 있는 당연한 현상이다. 졸린다면 잠시 눈을 붙여도 좋고, 아니면 마음을 좀 더 열어젖히고 '나'에게서 벗어나도 보고, 멀미가 난다면 머리 위로 가볍게 스치는 신선한 바람을 힘껏 마셔도 보자. 졸음이나 구토는 몸에서 일어나는 일종의 명현(瞑眩) 반응으로, 이는 우리가 병을 앓다가 회복 과정에서 겪게 되는 증상이다.

모든 시대는 그 시대의 산물에 흔적을 남기는 법이다. 아우구스티누스는 『고백록』에서 시간의 다양한 형태를 자문하면서 시간을 "과거의 현재" "현재의 현재" "미래의 현재"라는 삼중적 측면으로 파악한다. 미래와 과거의 시간적 방향성들과 지대가 따로 존재하는 것이 아니라, 눈앞에 현전하지는 않지만 분명 기억이라는 저층(底層)과, 마찬가지로 보이지는 않지만 기대라는 상층(上層)을 지닌 현재라는 건물 구조가 시간의 모습이라고 말한다. 따라서 현재는 과거의 흔적이 기억의 방식으로 활동하고, 미래의 징후는 기대라는 방식으로 활동한다는 것이다.

다시 우리의 본론으로 돌아와 보자. 『해석의 갈등』에는 고고학적 지층과 목적론적(또는 종말론적) 지평이 동시에 존재한다. 하지만 철학자 리쾨르는 거의 55년간(1950~2005)이나 저작 활동을 해왔기 때문에 『해석의 갈등』이 지닌 알파와 오메가를 단번에 그것도 단 몇 줄로 요약하기란 불가능하다. 소설가는 소설로 말하고 시인은 시로 말하고 철학자는 작품으로 말한다. 자신과 자신의 정신적 아들딸들인 작품이 등장하는 시대의 역사·사회·문화적 컨텍스트 역시 그 작품 속에 체현되어 있는 것이지 따로 떨어져 있는 것은 아니다. 분리가 불가능한 것은 아니지만 만약 분리가 이루어진다면 그것은 지극히 기계적인 인상과 추상적인 느낌을 줄 수밖에 없을 것이다. 다만 우리는 철학자 리쾨르의 작업에 내재하는 운동 및 경향성의 관점과 그 작업에 외재하는 조건이라는 두 축을 날줄로 삼고,『해석의 갈등』의 기억과 기대를 씨줄로 삼아 살펴보고자 한다. 물론 내재적 운동들과 외재적 조건들은 함께 가기도 하고 반발하기도 한다.

실존주의와 리쾨르

리쾨르는 그의 첫 주저인『의지의 철학 1 *Philosophie de la volonté I*』(1950)에서 철학의 사명을 "개념들을 통해 실존을 해명하는 것"이라고 말한다. 철학의 임무에 대한 분명한 이런 입장은 리쾨르의 작업에서 한 번도 망각되지 않았기에 가장 태곳적 기억을 구성했으며, 단번에 도달되지 않았기에 영원한 목적과 이상이었다.『해석의 갈등』을 여는 서론 격의 첫 번째 논문 제목에 독자들은 주목해야 할 것이다. 그것은 "실존과 해석학"이다. 또 이 입문에 해당하는 논문의 목차를 눈여겨본다면 리쾨르가 자신의 철학적 여정에 왜 해석학을 도입하는지, 의미의 발견과 해석을 통해 어디로 가려고 하는지를 짐작하게 된다. 우리가 왜, 무엇을 읽고, 그것으로부터 무엇을 밝혀내고, 밝혀낸 그 무엇을 가지고 어디에 이른다는 말인가? 이들 물음만은 독자들도 꼭 잊지 말고 나와 함께 끝까지 가져가 보자.

당대 생물학의 발전을 비판적으로 음미하면서 인식론과

존재론을 탁월하게 조화시킬 수 있었던 베르그송은 20세기 초 철학의 분명한 수렴점이었다. 하지만 그의 사후에 자연과학을 참조하는 기풍과 전통은 바슐라르, 캉길렘, 푸코, 미셸 세르 같은 이들이 대세를 이어가는 데 반해, 『의식에 직접적으로 주어진 것들에 관한 시론』을 쓴 베르그송의 반성철학 전통을 잇는 이는 상대적으로 드물었다. 과학철학의 전통과 반성철학 전통을 동시에 포괄할 수 있었던 베르그송의 시대가 가고 난 뒤, 메를로-퐁티가 이를 실현하려 노력했고 사르트르가 새롭게 부상했다. 물론 '강도'(强度)나 '지속' 같은 베르그송의 개념들을 '차이'라는 존재론적으로 개념화하는 들뢰즈 같은 철학자가 있기는 하다. 하지만 들뢰즈는 반성철학을 관념론(또는 유심론)의 일종으로 파악하는 것 같고 또 자신의 입장을 유물론에 가까운 것으로 설정하기 때문에, 반성철학적 계승이나 수용을 그에게서 기대하기란 어려워 보인다. 메를로-퐁티와 사르트르는 둘 다 실존주의 계열 또는 프랑스 현상학의 전통에 서 있는 철학자로 알려져 있지만, 그들의 속내를 들여다보면 상황은 판이하다.

Paul Ricœur

PHILOSOPHIE
DE LA
VOLONTÉ
1
Le volontaire et l'involontaire

Aubier *philosophie de l'esprit*

『의지의 철학 1』(1950년) 초판본 표지.

사르트르의 탁월하고도 비상한 문학적 재능과 열정은 그의 다른 것들을 압도할 정도였다. 리쾨르 역시 여러 문헌에서 사르트르가 지닌 "가공할 만한" 말의 힘에 대해 언급한 바 있다. 오히려 이런 그의 문학적 감수성과 취향은 인식론적 엄밀성과 수련 과정을 멀리까지 나아가지 못하게 했다고 말할 정도이다. 실제로 사르트르는 많은 훌륭한 소설과 창의적 문학 비평을 생산해냈지만 철학자로서의 지위는 자신의 신념과 확신을 실천에 옮기는 '행동하는 지식인'으로서의 모습에 많은 것을 빚지고 있다. 알랭 르노(Alain Renault)는 사르트르를 "최후의 철학자"라고 평가하고 있고, 사르트르 자신이 스스로를 철학자로 기억되기를 희망했음에도 동료인 메를로-퐁티보다 프랑스 철학계에서 빨리 잊히고 덜 읽히게 되었다. 필자는 물론 그것이 그에게 불명예가 된다고는 생각지 않는다. 또한 그것은 우리가 그에게 보내는 존경과 경의의 마음을 조금도 상쇄시키지 않는다. 다만 철학함의 방식과 태도의 관점에서 시사점이 있다는 것은 분명하다. 사르트르는 자연과학 및 사회과학의 인식론적 성과를 차분히 비판적으로 검토하고 음미하여 철학의 고유한 문제 해결에 적용할 만큼 한가롭지도 않았고, 그가 처한 현실이 그것을 허락하지도 않았던 것으로 보인다.

그에 비해 메를로-퐁티는 당대의 생리학과 실험심리학을

자신의 반성철학적 문제와 현상학적 테마들에 줄곧 비판적으로 대면시켜온 전형적인 프랑스 철학자다운 면모를 보여준다. 물론 푸코나 들뢰즈 같은 이들은 여전히 메를로-퐁티가 주체의 체험을 지나치게 중시하는 입장에 서 있다고 보지만, 이는 그의 약점이 아니라 오히려 철학적 선택이었다. 1950년 전후(戰後)에 프랑스 철학계에 소쉬르의 언어학을 소개한 이도 메를로-퐁티이고, 데카르트 이후에 맨느 드 비랑(Maine de Biran)이나 베르그송의 반성철학의 전통을 간직한 이도 메를로-퐁티이다.

아마 독자들은 이미 짐작했겠지만 우리의 철학자 리쾨르는 여러 모로 사르트르보다는 메를로-퐁티에 가깝다. 신체의 문제, 타자의 문제, 의미 구성의 문제에서도 리쾨르는 사르트르에 동의할 수 없는 많은 점이 있었다. 하지만 무엇보다도 철학함의 방식과 태도에서 리쾨르를 사르트르와 사상적으로 같은 선상에 두기는 어렵다. 사르트르보다는 여덟 살, 메를로-퐁티보다는 다섯 살 아래인 리쾨르 역시 그들과 비슷한 시기에 실존주의의 영향을 입었고 현상학의 수용을 시도했다. 사르트르와 메를로-퐁티가 함께 선정위원으로 일했던 갈리마르 출판사의 "철학 총서"(Bibliothéque de philosophie)에는 리쾨르가 박사 학위 논문의 부논문으로 제출했던 후설의 『이념 1』 불어판이 당당히 실려 있을 뿐만 아니라, 지금도 이 번역본은 후설의 원전보다 더 많이 인용되고 있다. 리쾨르의 초기 기술 현상학에 대한 전폭적 수용과 후기 후설의 생활세계 현상학의 영향 및 절대적·선험적 현상학에 대한 비판 등은 리쾨르와 메를로-퐁티를 철학적으로 연대시키는 중요한 방법론적 고리라고 말할 수 있을지도 모른다.

또 한편으로 어떤 이들은 실존주의를 유신론적 그것과 무신론적 그것으로 나누고 리쾨르와 메를로-퐁티를 서로 떼어내, 카뮈, 사르트르, 메를로-퐁티를 후자 그룹에, 가브리엘 마르셀과 리쾨르를 전자 그룹에 배치하는 구도를 즐겨 사용하기도 한다. 이는 가장 개론적인 수준에서는 여전히 유효한 구분일 수 있다. 사르트르가 리쾨르를 두고 "현상학을 담당하는 성직자"라고 말한 적도 있고, 이런 관점에 영향을 받은 메를로-퐁티 역시 리쾨르와 개인적으로 그렇게 친밀하게 지낸 것 같지 않다. 물론 두 사람은 학회에서 늘 조우했으며, 불의의 사고로 메를로-퐁티가 1961년에 사망한 뒤 프랑스에서 메를로-퐁티에 관한 박사 학위 논문을 가장 많이 지도한 이도 리쾨르였다. 또한 리쾨르가 한때 편집에 관여했던 『에스프리』지에서는 그의 주도하에 메를로-퐁티 특집을 마련할 정도였다. 이는 리쾨르의 메를로-퐁티에 대한 선호를 명백히 반영한 것이라고 해도 좋을 것이다. 리쾨르는 여러 곳에서 메를로-퐁티에 대한 존경과 우정을 언급하기도 했다. 특히 신체의 문제를 두고 메를로-퐁티가 마르셀에 대해 빚지고 있는 바를 정당하게 평가해야 한다면, 메를로-퐁티와 리쾨르의 근친성은 더욱 분명해진다. 마르셀의 가장 근본 테제인 육화(肉化)의 주제를 리쾨르는 마르셀 가까이에서 배웠고, 또 의지 문제를 다루면서 자기화했다고 말할 수 있다.

메를로-퐁티와 리쾨르를 묶어주는 근본적 친화성을 신체의 중요성에 대한 철학적 천착에서 파악해야 하는 것은 당연하다. 또한 우리가 보다 주목해야 할 것은 신체를 필연적으로 포함하는 진정한 인간 주체에 대한 발견의 길에서 이 두 사람은 각각 지각 활동과 의지 활동에서 출발했다는 점이다.

하지만 더 주목해야 할 것은 철학이라는 담론의 경계를 자신 안에 안주시키지 않고 끊임없이 탈주(脫走)시켜, 비(非)철학 분과의 담론들이 지닌 인식론적 성과의 철학적 함의와 시사점을 자신의 철학적 문제 지평을 확대하고 공고하게 하는 데 이바지하도록 했다는 점이다. 메를로-퐁티에게는 생리학과 실험심리학이 있었고, 우리의 철학자 리쾨르에게는 언어학·프로이트 정신분석학·종교현상학·역사학 등이 있었다.

저잣거리를 다니면서 개선장군에게 전쟁이 무어냐고 묻고, 저명한 법관에게 정의가 무어냐고 묻고, 아름다운 여인에게 아름다움이 무어냐고 묻는 작업이 소크라테스의 철학이었다면, 철학에만 내재하는 역사에 안주하기를 거부하면서 끊임없이 철학을 그 외부와 소통시키는 철학, 철학에는 고유한 영역이 아예 없다고 말하며 쉼 없이 철학 스스로의 폐쇄성과 자만심에서 벗어나려는 철학, 늘 새로운 사유의 고원(高原)을 만들고 그곳에서 늘 새로운 의미의 주름들을 다시 펼쳐가는 철학, 아마도 그런 철학이 리쾨르가 궁극적으로 표방하는 철학일 것이다.

『해석의 갈등』이 리쾨르가 말하는 소통하고 대화하는 철학의 가장 파노라믹한 작업을 예증하는 첫 작품이라고 감히 말한다면, 이는 틀린 말일까?

1·2차 세계대전을 치른 사람들에게 종교에 대해, 신의 존재에 대해, 의미에 대해, 인간에 대해, 이 세계 도처에 산재하는 악에 대해 더 이상 전쟁 이전의 방식대로 말하는 것은 불가능해졌다. 신을 잃어버린 사람들에게 마치 성경처럼 읽히고 팔리던 실존주의적 소설과 철학 작품들은 포스트 종교 및 포스트 신(神)의 시대를 담당하게 되었다. 불안, 부조리, 무의미, 절망 등은 실존주의와 더불어 새로운 시대를 알리는 표제어가 되었다.

그렇다면 이처럼 암울한 실존적 상황에 대한 첨예하고도 창의적인 관찰과 묘사가 시대의 정상적 증상이 되어버렸던 비관(悲觀)의 세대에 요구되는 철학이란 무엇일까? 적어도 실존주의적 기술(記述)이 사태에 부합된다 해도 그것이 사용한 해결책이란 비극적 상황에 걸맞은 희망을 담보한 것이었나? 실존주의 이후의 철학이 맡아야 할 과제에 대해 다음과 같이 선언적으로 한번 말해보자.

포스트 종교 및 포스트 신의 시대에도 종교와 신을 유의미하게 발언해야 하고, 그것들에 최종적으로 의존하지 않고서도 의미를 찾는 작업이 가능함을 보여주어야 하고, 인간의 악성(惡性)이 인간의 선성(善性)에 대한 선험적이고 근원적인 긍정 속에서 고백되고 인정되어야 하고, 나 자신 안에 이미 나를 전복(顚覆)시킬 수 있는 힘과 욕망을 승인해야 하고, 그리고 극도로 허약해진 정치적 유대와 공동체 해체의 체험 이후에도 새로운 탈(脫)권력적 정치의 가능성의 원리를 모색해야만 한다.

프로이트 정신분석학과 리쾨르

마르크스, 니체, 프로이트와 같은 '의심의 대가들'은 이미 19세기 말과 20세기 시작을 전후하여 근대적 의미의 자아나 의식 또는 이를 존재론적으로 뒷받침하는 신의 존재에 대해 다양한 환원적 성격의 비판과 일리 있는 논쟁을 제기했다. 많은 현상을 설명의 중심적인 틀 속에서 일거에 용해하여 그 본질의 허구성이나 이면을 밝히고자 하는 환원주의는 일면적이라는 비판을 받지만, 나름의 제한된 방식에 대한 타당한 고려를 동반한다면 충분히 숙고할 만한 학문적 담론으로 인정될 수 있다고 본다. 이 세 사람의 테제들을 전부 환원주의라고 보기는 어렵지만 분명 환원주의적 성격을 배제할 수는 없을 것이다.

이 세 사람 중에서 리쾨르가 가장 심각하게 다룬 사람은 단연 프로이트이다. 『해석의 갈등』을 구성하는 배경과 바탕에는 실존주의적 문제들이 있음을 이미 언급한 바 있다. 실존주의가 1940년대와 1950년대의 프랑스를 풍미하던 흐름이라면, 제2차 세계대전 후에는 언어학의 방법론에 기반을 둔 구조주의와 프로이트에 대한 새로운 관심이 부상하게 된다. 물론 마르크시즘이 점유했던 독보적 위상은 논외이다. 현상학자이건 정신분석학자이건, 또는 역사적 차원에서건 정치적 차원에서건, 또는 반대하건 찬성하건 간에 마르크시즘만큼 광범위하고도 심대한 영향을 가진 조류는 20세기 역사에는 없었다고 봐야 한다. 이러한 마르크시즘을 제외한다면 프로이트 정신분석학의 등장과 언어학의 부상은 20세기의 중요한 지적 현상이다.

그런데 구조적 언어학과 프로이트 정신분석학의 등장에는 눈여겨봐야 할 수렴점이 존재한다. 과연 무엇일까? 바로 인간의 언어활동(langage)에 대한 천착이다. 이런 수렴점은 전회(轉回, Keher) 이후의 후기 하이데거의 연구 방향과도 일정한 친화적 관계에 있다. 또한 『논고』 이후에 『철학적 탐구』에 등장하는 비트겐슈타인의 관심사와 시기적으로도 철학적으로도 유대 관계를 가진다. 이 점은 앞으로 좀 더 체계적으로 다른 연구 작업에서 더 깊이 논의되어야 할 것이다.

프로이트 정신분석학은 오스트리아와 독일에서 발흥했지만 그 광범위한 적용과 심화의 측면에서 보자면 영어권 특히 불어권에서의 계승 발전이 두드러진다. 물론 프랑크푸르트 학파의 마르쿠제나 하버마스 같은 철학자들의 비판적 논의들을 간과해서는 안 되겠다. 불어권에서는 라캉이나 리쾨르 같은 이들의 연구 저작들이 1960년대 이후 프랑스 철학계에서 논쟁과 주목을 불러일으켰다.

프로이트 정신분석학의 프랑스 수용에 있어서 예술이나 문학비평 분야에서의 환영을 제외한 사상사 분야에서 본다면, 사르트르는 프로이트 정신분석학에 반대하며 오히려 자기 고유의 실존적 정신분석을 제안하기도 했고, 메를로-퐁티는 인간 의식의 전(前)반성적 영역에 대해 전적으로 인정하면서도 또 라캉이 주도하는 세미나에 정기적으로 참석하는 구성원이면서도 프로이트 정신분석학에 대해서는 주저하는 태도를 보였다. 비현상학 계열의 푸코나 들뢰즈의 프로이트 독법이 여전히 근본적으로 정치적이라면, 리쾨르의 그것은 가장 철학적('철학적'이라는 말이 포괄하는 현상학적·해석학적 맥락에서)이라고 볼 수 있다. 라캉의 지위는 좀 독특하다고 할 수 있다. 그 이유는 리쾨르를 비롯하여 앞서 언급한 철학자들은 독자적인 정신분석적 체험이나 수련을 거치지 않은 반면, 라캉은 수련의로서 나름대로 고유한 환자 분석을 바탕으로 구조 언어학적 방법론을 그 분석적 체험에 새롭게 적용시켰기 때문이다. 따라서 라캉은 프로이트 정신분석학에 대한 철학적 해석을 시도했다기보다는 정신분석적 경험들을 재조직화함으로써 정신분석적 개념들과 틀을 다시 만들었다고 본다.

리쾨르는 무의식과 프로이트의 테제들에 대해 메를로-퐁티보다 훨씬 진전된 입장을 내세우지만, 한 번도 새로운 정신분석적 사례에 근거하여 프로이트의 테제들을 수정하거나 새로운 개념들을 창안해내지는 못했다. 그는 정신분석가가 아닌 철학자로서 프로이트 정신분석학에 대해 늘 언급하고 개입해왔다. 리쾨르가 라캉의 세미나에 참석하면서 가졌던 그와의 불미스런 인연들은 잠시 접어두기로 하자.

1965년의 저작 『해석에 관하여: 프로이트 시론』만을 기억하는 사람들은 리쾨르와 프로이트의 만남의 시기를 1960년대 전후로 기억할 것이다. 그러나 이는 작가에 대한 정보 부족 내지 오해에 지나지 않는다. 우리의 철학자 리쾨르에 관한 여러 전기적 작업이나 대담을 살펴본다면, 그는 이미 고등학교 철학 시간에 프로이트에 대한 강의를 들었다는 것을 알게 된다. 더 나아가 우리가 1950 년 그의 첫 주저인 『의지의 철학 1』을 펼쳐본다면, 리쾨르가 프로이트와 거의 동시대적으로 프로이트가 제기한 문제들의 철학적 중요성을 감지하고 있다는 것을 알게 된다. 리쾨르에게 당시의 프로이트는 서양 근대철학의 최종적이며 최상위 법정이라고 형용할 수 있

『프로이트와 철학』(1970년) 초판본 표지. 이 책은 『해석에 관하여: 프로이트 시론』의 영역판이다.

는 코기토의 확실성과 자명성에 근본적인 의심과 도전을 한 인물로 그려진다. 우리가 앞으로 본론에서 보게 되겠지만 그의 이런 입장에 근본적인 변화는 없다.

데카르트, 맨느 드 비랑, 칸트 같은 반성철학의 전통에서 철학적 훈련과 수업을 받은 리쾨르에게 니체나 마르크스보다도 프로이트가 더 위협적이라는 것은 미루어 짐작이 될 것이다. 반성 활동—인식 활동, 의지 활동, 가치평가 활동 등—의 주체는 자기 자신의 이해 가능성 및 성립 가능성을 탐구하고 정립해야 한다. 반면에 프로이트가 자유 연상과 꿈의 현상을 분석하면서 발견한 무의식은 인간의 자기 이해 능력을 제약하는 조건이자 배면(背面)으로 불명료성을 안겨줌으로써 오히려 그 이해 능력의 어두운 그림자라는 점으로 파악된다.

프로이트의 발견을 지적으로 정직하게 받아들일 수밖에 없게 된다면, 데카르트가 『철학의 원리』(1부 "원리")에서 사유를 우리가 직접적으로 우리 자신에 의해 파악할 수 있다고 말한 것을 우리는 전적으로 신뢰하지 못하게 되고, 더 이상 코기토의 투명성과 자명성은 의심할 수밖에 없는 것이 된다.

사물에 대한 의심을 통해 의식의 명증성이 확보되는 작업에 머무는 것이 데카르트의 성과이자 한계라면, 이렇게 획득하게 된 의식 자체에 대한 의심, 즉 의식이 정말 그 자신이 믿는 대로 실제로 그렇게 존재하는 것인지에 대해 리쾨르는 프로이트와 함께 물음표를 던지게 된다.[1] 따라서 의식 스스로가 자각하지 못하는 다른 것에 의해 기만당할 수 있다는 점을 인정할 수밖에 없다는 것이다. 리쾨르는 이 점을 가장 구체적으로 보여준 이가 프로이트라고 판단하여 의심의 대가들 중 가장 심각하게 그리고 가장 철저하게 프로이트의 작업 전체를 분석하고자 한다.

『해석의 갈등』은 1965년 저작인 『해석에 관하여: 프로이트 시론』의 핵심적인 내용을 재론함으로써 프로이트적인 담론의 정당성과 함께 이것이 해석의 갈등적 상황에 기여하는 측면과 보완되어야 할 측면을 동시에 고려하는 균형 감각을 보여준다. 우리는 이 점을 오이디푸스 비극에 대한 해석과 아버지 상징에 대한 해석을 둘러싼 갈등들을 소개하면서 보여주게 될 것이다.

구조 언어학과 리쾨르

　우리의 철학자 리쾨르가 구조적 언어학(또는 구조주의)과 맺은 관련성은 그 자체 하나만으로도 박사 학위 논문의 주제가 될 정도로 다양하고 복잡하다. 그렇지만 『해석의 갈등』이 다양한 관계성의 전부를 대변하는 저작은 아니다. 따라서 앞으로의 논의 역시 상당히 제한적일 수밖에 없다. 하지만 리쾨르의 철학을 '직접성의 철학'이 아니라 '우회의 철학' 또는 '간접성의 철학'이라 부른다면, 이때 우회와 간접성의 공간을 제공하는 것이 바로 '언어'이니만큼 이 개념어는 리쾨르 철학의 핵심적인 키워드임이 분명하다. 그러므로 언어와 그 언어에 대한 학문적 연구로 자리 잡은 언어학이 리쾨르 철학에서 차지하는 의미와 위상에 대해서는 반드시 그에 걸맞은 학문적 배려가 필요하게 될 것이다.

　리쾨르의 관심이 현상학적이든 해석학적이든, 프로이트에 대한 체계적인 철학적 해석을 실행하든 상징이나 은유나 담화에 대한 작업 그리고 마지막에는 이야기나 텍스트 해석학의 정립에 힘을 쏟든 간에, 리쾨르의 전체적인 작업 반경에 적당한 이름을 달아준다면 그것은 인간의 언어활동 전반에 대한 관심과 이해이다. 반성철학과 현상학이라는 리쾨르의 태생적 지반에서 보자면 이런 언어에 대한 관심은 다소 외재적으로 보일 수도 있다. 20세기의 학문 발전사에서 보자면 물리학의 상대성이론과 양자역학, 분자생물학의 부흥이 자연과학의 눈부신 성과라면, 인문과학에서의 그 등가적인 작업은 아마도 언어를 학문적인 연구 대상으로 격상시킨 언어학일 것이다. 그런 언어학은 20세기에 소쉬르와 더불어 시작되었다고 해도 과언이 아니다.

소쉬르의 유작 『일반언어학 강의』는 언어학을 국지적이고 통시적인 언어학의 범주에서 벗어나게 하여 명실상부 진정한 과학(또는 학문)의 지위로 격상시키는 신호탄과도 같은 것으로 받아들여졌다. 소쉬르는 구조주의의 원조로 불리지만 실상 그는 '구조'라는 용어를 그의 유작에서 사용하지 않고 대신 '체계'라는 말을 사용하곤 했다. 그가 창안해낸 개념들인 시니피앙[記標], 시니피에[記意], 자의성(恣意性), 공시태(共時態), 통시태(通時態), 차이(差異) 등은 구조주의 전반에 영향을 깊이 미쳤을 뿐만 아니라, 사물과 언어(소쉬르의 표현을 빌리면 언어기호) 사이에 모종의 필연적인 반영 관계가 있을 것으로 믿어왔던 상식과 소박한 실재론적 믿음에 날벼락과도 같은 충격을 주었다. 인간 의식을 지배하는 사회구조나 무의식이 있다는 철학적 발견에 상응하는 언어학적 발견이 소쉬르에 의해 제기되었던 것이다. 일상적이고 통상적인 인간의 언어활동과 그 사용을 통제하고 지배하는 무의식적인 언어적 요소와 그 체계가 존재하며, 이들이 진정 언어학의 연구 대상이라는 것이다. 소쉬르는 이를 랑그(Langue)라고 부르며, 나중에 음소(音素), 어휘소(語彙素), 형태소(形態素) 등으로 세분화했다.

우리의 철학자 리쾨르는 이 랑그를 다음과 같이 아주 간명하게 비판적으로 적시하고 있다.

> 랑그는 절대적 힘을 가진 항이 없는 체계, 주체를 배제하는 체계, 사물들과 관련이 없는 체계이다.[2]

이 인용문에 대한 보다 상세한 해설은 나중으로 미룬다. 소쉬르 이후에는 마르티네, 벤베니스트, 야콥슨, 예름슬레브 같은 이들이 구조언어학을 주도하며 보다 완결적인 학문으로 자리 잡게 한다. 레비스트로스는 야콥슨을, 리쾨르는 벤베니스트를 자신들의 작업에 원용하면서 이론적 성숙을 위한 지지대로 삼기도 한다. 우리의 경우 리쾨르가 소쉬르의 기호 언어학을 어떻게 비판적으로 우회하면서 기호 언어학이 담지하는 철학적 함의를 벤베니스트의 담화 언어학을 통해 비판적으로 성찰하는지를 보게 될 것이다. 또한 신화를 접근하는 태도에서 리쾨르가 레비스트로스와 어떻게 다른지도 듣게 될 것이다.

사상가 리쾨르

가족 관계

92세의 나이로 긴 생애를 마감한 리쾨르를 정점으로 그의 가족 관계, 사제 관계, 교우 관계 등에서 그에게 큰 영향을 미친 사건이나 일화를 체계적으로 그리고 연대기적으로 서술하거나 언급하는 일은 이 책의 범위(『해석의 갈등』을 안내하는 작업)를 크게 벗어나는 일임이 틀림없다. 따라서 우리의 작업은 아주 선별적이고 주관적일 수밖에 없다. 리쾨르는 이미 1995년에 『되돌아보건대 *Réflexion faite*』 라는 자서전을 세상에 내놓은 바 있다. 이 책에서 그는 자신의 가족 관계에 대해서는 단지 학문적 여정의 굴곡이나 변화에 관계하는 정도 내에서만 언급하겠다고 밝히고 있다. 그런 의미에서 여기서도 간략하게 그의 출생 배경과 아들의 자살에 대해서만 지적하고자 한다.

두 아들과 아내와 함께(1939년).

리쾨르가 탄생한 1913년은 제1차 세계대전이 발발한 해라는 사실을 주목해볼 필요가 있다. 아버지는 이 전쟁에 참전하여 전사하고, 어머니는 폴 리쾨르가 태어나던 그해 세상을 떠난다. 생애의 출발에서부터 그는 "회복할 수 없는 것" "돌이킬 수 없는 것" "더 이상 의지할 수 없는 것" 다시 말해 비의지적인 것들[3]에 포위되었다. 인간의 죽음만이 인간 현존재가 지닌 모든 가능성의 불가능성을 알리는 경계는 아닌 듯하다. 한 생명이 주어진다는 자신의 탄생 또한 인간이 더 이상 의지할 수 없는, 따라서 탄생을 승복하고 감내할 수밖에 없는 인간 조건이 아니겠는가? 하이데거가 인간의 현존재는 '이미' 세계에 던져진 존재라고 말하지 않았던가? 그렇게 리쾨르는 세상에 내동댕이쳐졌다. 독실한 개신교도인 조부모 밑에서 성서를 외우리만치 신앙적 분위기 속에서 성장했으며, 물 만난 물고기처럼 책 읽기를 즐겼고 학교를 좋아했다. 시골 촌놈 리쾨르는 파리의 울름가(街)에 위치한 고등사범학

제2차 세계대전 당시 포로수용소에서(앞줄 왼쪽에서 두 번째가 리쾨르).

교에 보기 좋게 낙방하지만 전쟁고아에 대한 국가적 배려 덕
분에 렌 대학 철학과를 졸업하고 그 얼마 후 고등학교 철학
교수직을 맡게 되었다.

1986년은 리쾨르로 하여금 『시간과 이야기 1, 2, 3』를 완
간하고, 그에게 국제적인 명성을 안겨주며, 1970년 낭테르
대학에서의 소요 사건 이후 그에게 등을 돌렸던 많은 이들이
찾아오고, 때늦은 이런 인정이 새로운 자극이 된 한 해였다.
그런가 하면 1986년은 그에게 잔인한 해이기도 했다. 리쾨르
를 곁에서 돕고 따르던 아들 올리비에 리쾨르가 자살로 생을
마감한 것이다. 부모 없는 유년 시절을 감내한 한 인간이 다
시금 아들의 죽음을 겪어야 한다는 것이 얼마나 고통스러운
지는 어찌 말로 다 할 수 있겠는가. 그것도 자살로 생을 마감
했으니 말이다. 게다가 그해 리쾨르는 시카고 대학에 안착한
이래 학문적으로도 인간적으로도 긴밀한 우정을 가꾸어온

엘리아데의 죽음을 맞이하게 되었다. 이렇듯 1986년은 아마도 리쾨르에게 '죽음의 해'였을 것이다.

고등학교 시절 도스토예프스키와 톨스토이를 읽으며 민감해했던 주제들인 악·죄·고통·벌·유한성·죽음 등은 리쾨르의 오랜 작업에서도 진정 떠나지 않았던 주제들이었다. 인간 행위에는 능동성 즉 '행위를 함'만이 문제가 되는 것이 아니라 행위의 수동성 즉 '행위를 당함'도 엄존하기에, 행위의 비극성은 진정 인간을 성찰하는 중요한 통로가 되어야 한다고 그는 믿었다. 그리스 비극이나 성서의 욥기는 리쾨르에게 고통이 인간으로 하여금 질문하게 한다는 점을 일깨워주었다. 왜 하필 나에게 이런 일이? 왜 내 아이에게 이토록 가혹한 일이 일어난단 말인가? 이런 물음도 비극적이지만 아마 그 답변 또한 비극적인 성격의 지혜여야 가능할 것이다. 내가 당하는 고통을 초극하게 하는 우주론적 지평으로 인도될 때 나의 관점은 상대화되고 타자화될 것이기 때문이다.

사제관계

후배들—도스, 다스튀르, 그레쉬

『해석의 갈등』을 안내하는 작업에서 아마도 가장 까다로운 대목이 우리의 철학자 리쾨르의 지극히 사적일 수도 있는 사제 관계나 교우 관계를 언급하는 일일 게다. 이 철학자에게 큰 영향을 끼쳤던 사건이나 일화를 말하는 것도 마찬가지일 것이다. 사제 관계에 대해서는 그가 학문적 영향을 주고받은 선후배 관계를 살펴보고, 교우 관계는 레비나스, 데리다, 가다머와의 관련성만 짤막하게 언급하고자 한다.

시인이 시로 말해야 한다면, 철학자는 텍스트로 말해야 할 것이다. 리쾨르에게 한 철학하는 개인은 별로 중시되지 않았다. 오히려 자신의 개인적인 인성이나 대인 관계보다는 철저하게 자신의 철학 저작으로 평가받기를 원했다. 때문에 그런 맥락에서 빅토르 파리아스(Victor Farias)가 1980년대에 하이데거의 나치 행적에 관한 논쟁적인 저서[4]를 냈을 때도 리쾨르는 하이데거의 인간적 형편없음과 『존재와 시간』의 위대함을 떼어놓고 싶어 했고, 논쟁적인 파리아스의 저서를 주제로 하는 대담에는 참가하지 않았다. 그의 이런 태도는 늘 일관된 것이었다. 리쾨르가 1940년부터 1945년까지 제2차 대전의 전쟁 포로로 폴란드에 있는 나치스 포로수용소에 감금되었을 때도 진정한 독일인의 모습을 나치와 그 추종자에게서 찾기보다는, 수용소 안에서 그로 하여금 번역과 글쓰기에 몰두하게 했던 후설과 야스퍼스에게서 보고자 했다. 또 1955년 하이데거가 전후(戰後)의 철학적 감금에서 풀려나 파리를 방문했을 때 사르트르와 메를로-퐁티는 하이데거의 부역 혐의에 대한 항의로 세미나에 참석하지 않았지만, 리쾨르는 루시앙 골드만, 라캉, 들뢰즈 등과 함께 참여하여 철학적 이유에서 비록 하이데거와 서로 소통하지는 않았지만 중요한 물음을 던지기도 했다.

그렇다면 구체적인 개인 리쾨르를 과연 어떻게 말할 수 있는가? 그 자신이 스스로에 대해 말하기

Paul Ricœur
Soi-même
comme un autre

L'ordre philosophique
Collection dirigée par François Wahl
aux Éditions du Seuil, Paris

『한 타자로서의 자기 자신』(1990년) 초판본 표지.

를 지극히 꺼렸지만 타자가 자신에 대해 말하는 것은 말리지 않았다. 리쾨르는 자신을 개인적으로 각별히 따르는 동학(同學)들에게 철학적 개인을 추종하거나 미화하지 말라고 여러 번 애정 어린 충고를 했다. 특히 리쾨르의 개방적인 정신과 온화한 마음 씀씀이에 반해 외국 연구자들이 그를 흠모하기도 했다. 여러 전기적 자료에 따르면, 미국 캔사스 주립대학 철학 교수인 찰스 리건(Charles Reagan)과 이탈리아 나폴리 대학의 철학 교수 도메니코 제르볼리노(Domenico Jervolino)가 그런 사람들이다. 불어권에서는 일일이 다 거명할 수는 없겠지만 900쪽에 달하는 리쾨르 전기[5]를 집필한 프랑스와 도스(François Dosse), 필자의 지도교수이자 리쾨르의 소르본 시절 제자였던 프랑스와즈 다스튀르(Françoise Dastur), 파리 가톨

릭대학교 철학과 교수이자 신부인 장 그레쉬(Jean Greisch) 등
이다.

『구조주의의 역사 1, 2, 3』[6]의 저자인 도스가 1999년 프랑
스 릴 대학에서 있었던 세미나에서 한 말에 의하면, 자신이
리쾨르 전기를 준비할 때도 리쾨르가 개인적인 만남을 정중
히 사양했기 때문에 서신으로만 접촉했고, 그를 직접 만날 수
있었던 것은 전기가 완성된 뒤였다고 한다. 도스가 쓴 리쾨르
의 전기『폴 리쾨르-삶의 의미들』(1997)에는 도스가 수백 명
의 학자와 인터뷰한 내용이 실려 있는데 유독 리쾨르의 것만
빠져 있다. 그 이유는 무엇일까? 개인적인 이유는 확인할 수
도, 짐작할 수도 없지만 나름대로의 철학적인 이유는 찾을 수
있을지도 모른다. 1990년에 나온 리쾨르의 저작『한 타자로
서의 자기 자신 Soi- même comme un autre』의 제목처럼, 도
스의 전기에서도 리쾨르는 자신은 그 전기의 주인공이나 독
점적 화자가 아니라 하나의 타자로서 다루어져야만 제대로
된 전기가 탄생할 수 있다는 생각, 즉 인간은 누구나 자신을
하나의 타자로서 정립하고 제기할 수 있어야 한다는 '탈(脫)
자아 중심적'인 철학적 입장을 충실히 견지한 데서 나온 일
관된 태도일 것이다.

리쾨르가 위대한 철학적 텍스트를 생산하는 것과는 무관
하게 그는 스스로를 위대한 철학적 개인으로 취급하지 않았

다. 실생활 속에서도 그는 그런 모습을 수차 보여주었다. 프랑스 유학 시절 필자는 리쾨르가 매주 일요일마다 다니던 파리 근교 샤트네 말라브리에 위치한 개혁교회에 우연히 나간 적이 있는데, 정말로 그의 행동거지는 평범한 듯했고, 오히려 그런 평범함이 이방인인 나에게 두드러져 보였다. 교우들도 그를 특별히 대우하지 않았다. 그런 그의 모습은 신학자 폴 틸리히(Paul Tillich) 후임으로 미국 시카고 대학교 신학대학의 '철학적 신앙' 강좌를 맡았던 교수의 모습도 아니요, 몇 권의 창의적인 성서 주석서를 낸 주석가의 모습도 아니었다.

필자의 지도교수였던 다스튀르는 1960년대 초 리쾨르의 지도하에 석사와 박사과정 통과학위(D.E.A)를 썼고, 1970년대는 리쾨르가 주관하던 국립학문연구소(C.N.R.S)의 현상학 및 해석학 분야의 연구원이자 세미나 멤버였는데, 종종 필자가 참석했던 박사과정 세미나에서 리쾨르의 학문하는 태도에 대해 언급하곤 했다. 그녀의 증언에 따르면, 자신이 알고 있는 철학자들 중에 리쾨르는 "자기 자신 안에 가장 덜 갇혀 있는" 철학자요 "탁월하게 자기 수정적인" 철학자라고 했다. 리쾨르는 늘 타자의 비판적 지적에 고마워하며 그런 지적을 미처 고민해보지 못했다고 말하는 등의 일관된 태도를 보이는 철학자라고 그녀는 전하곤 했다. 자신의 존재만큼이나 타자의 존재도 소망스러워하며, 자율적이고 독립적이면서도 항상 타자들의 목소리가 제자리를 잡게끔 스스로의 자리를 다시금 조정하는 철학자라는 것이다.

역시 리쾨르를 흠모하던 외국 연구자 중에는 덴마크 출신의 장 그레쉬(사족으로 필자의 학위 논문 발표 때 심사위원으로 참석했다)도 있다. 그는 조국에서 사목과 학문 활동을 할 기회가 있었는데도 리쾨르의 주 활동 무대인 파리를 굳이 택해 연구 활동을 한다고 스스로 밝힐 정도로 리쾨르와의 학문적·개인적 인연을 소중히 여겼다.

선배들—마르셀, 후설, 프로이트

사제 관계에서 리쾨르의 선배들을 찾아본다면 단연 마르셀, 후설, 프로이트를 들 수 있다.

리쾨르는 1934년과 1935년경 파리에서 대학교수 자격시험을 준비하는 동안 마르셀이 주관하던 금요토론회(일명 Vendredis)에 정기적으로 참석하는 회원이었다. 20여 명의 참가자들은 공통의 주제를 놓고 토론하되 두 가지 큰 원칙이 그들에게 요구되었다. 그 하나는 다른 사람의 말이나 생각을 인용하지 말 것, 예컨대 "칸트가 말하길" "아리스토텔레스에 따르면"이라는 표현을 하지 않는 것이고, 다른 하나는 가능하면 최대한 자기 스스로의 경험이나 체험에 기반을 두면서 이를 철학적 관점에서 문제화시키라는 것이었다. 두 사람의

리쾨르(좌)와 마르셀(우). 1995년 하이데거 방문 시.

깊은 우정은 마르셀이 죽을 때까지 유지되었고, 리쾨르는 이 모임을 지배하던 인상적인 분위기를 "적확한 사례, 엄밀한 설명, 간결하고 정확한 표현"이라는 말로 압축한 바 있다. 아마도 우리가 리쾨르의 저작들을 직접 읽어본다면 이 세 가지 철학적 글쓰기의 덕목이 그의 작품들 속에서 얼마나 잘 내면화되고 체화(體化)되었는지 짐작할 수 있을 것이다.

덧붙여 말하자면 리쾨르가 마르셀에게서 배운 것은 위와 같은 철학적 태도만은 아니다. 철학적 내용에서도 중요한 공감을 그와 나누는데, 인간 신체에 대한 체험은 대상화의 작업을 반드시 유도하는 문제와 같은 것이 아니라, 그 안에서 주객의 구분이 사라지는 육화적(肉化的) 체험이라는 것이다. 마르셀은 메를로-퐁티의 "나는 나의 몸(육체)이다"라는 테제를 이미 오래 전에 선취했던 것이다. 리쾨르가 의지와 신체의 문제를 다룬 첫 주저 『의지의 철학 1』(1950)을 가브리엘 마르셀에게 헌정한 것도 결코 우연이 아니다.

후설과 리쾨르의 인연은 5년간의 포로수용소 시절에 본격적으로 시작되었다. 그 인연이란 주로 텍스트적인 것이었다. 리쾨르는 수용소에서 후설의 중요한 저작인 『이념 1』을 불어로 번역했는데, 기계의 도움을 받은 것이 아니라 직접 자신의 손으로, 그것도 독일어 원전의 여백에 번역 원고를 써 내려갔다. 레비나스, 사르트르, 메를로-퐁티 같은 현상학의 1세대에게서 음으로 양으로 현상학을 배운 데리다의 언급에 따르면, 리쾨르의 후설 독해가 사르트르나 메를로-퐁티의 그것보다 더 엄밀하다고 했다.[7]

리쾨르가 자신의 전 생애를 통해 많은 다양한 철학적 담론(종교현상학, 분석철학, 해석학)이나 비철학적 담론(프로이트, 언어학, 문학이론, 역사학, 신화학 등)들을 씨줄과 날줄로 삼아 자신의 고유한 철학적 테마들(의지, 악, 상징, 은유, 욕망, 텍스트, 이야기, 시간 등)을 다룰 때 출발점을 제공했던 담론이 바로 후설 현상학이었다. 현상학의 본질에 대한 무수한 주장이 가능하겠지만 필자는 '~에' 대한 체험과 그 체험의 본질에 대한 의미 해명을 담은 담론을 '현상학적'이라 부를 수 있다고 본다. 결과론적으로 또 사후적으로 보면 체험하는 주체와 체험되는 대상을 구분해서 보는 경향이 있지만, 체험이 일어나는 생생한 사태에 밀착된 지점에는 그런 구분을 입론하기가 매우 어렵다. 바로 이런 지점에서 현상학은 자신의 성과와 동시에 한계도 드러낸다. 이 지점은 욕망이 발생하는 지점이 될 수도 있고, 의지적인 것이 비의지적인 것에 압도당하는 지점이 될 수도 있고, 언어가 무엇인지 한 번도 묻지 않은 채 언어를 사용하는 지점이 될 수도 있다.

그래서 우리의 철학자 리쾨르는 체험과 그 의미 분석을 위해 현상학이 제공하는 기본적인 도구와 절차들을 포기하지 않은 채, 해석학과 분석철학 그리고 프로이트 정신분석학 등과 접속한다. 예를 들어 그는 체험적 주체를 인정하지 않는 데이비드 흄(David Hume)적인 회의주의적 시각을 공유하는 분석철학에 대한 비판에서는 체험이 누구에게 일어나는지의 문제를 제기하고, 그런 회의적 활동을 누가 하는지의 문제를 제기한다. 욕망의 전(前)반성적 정립을 포착하기 위해서는 현상학보다는 프로이트 정신분석의 개념과 그 체험들에 의존한다. 비(非)반성적 언어 사용이 가지는 철학적 의미를 파악하기 위해서는 종교학적 분석이나 신화론적 담론을 해석학의 틀 내에서 소화하려고 노력한다.

리쾨르가 자신의 철학함을 통해 사숙(私淑)하는 사람이 있다면 그는 분명 후설일 것이다. 바로 이런 이유에서 많은 현대의 철학사가나 현대 철학 인명사전에는 리쾨르를 현상학자라고 이름 붙인다. 그를 현상학자라고 부르는 것이 틀린 명칭은 아니지만, 그렇다고 해서 그의 작업 전반을 (후설)현상학의 범위 내에 묶어둔다면, 이는 결정적 오독이 될지도 모른다.

리쾨르는 '의심의 대가들' 중에 유독 프로이트에 대해서만 독자적인 저술[8] 『해석에 관하여: 프로이트 시론』을 낼 만큼 관심을 보였다. 그의 이러한 학문적 배려는 이 저작만으로 끝난 것이 아니라 평생을 두고 프로이트의 착상과 개념들에 대한 숙고로 이어졌다. 체험 주체의 가능 조건을 인식론적으로 다루는 현상학에 대한 비판에서나, 다양한 상징들에 대한 뜻 읽기로서의 해석학에 대한 기여에서나, 종교와 예술에 대한 특정한 읽기의 예에서나 프로이트는 리쾨르에게 독보적 내지 예외적인 존재였다.

세 '의심의 대가'들을 처음 접할 때만 해도 리쾨르는 프로이트를 마르크스나 니체와 함께 환원적이고 탈신비화적인 해석 활동을 주도하는 인물들 중 한 사람으로만 취급했다. 하지만 이런 태도는 그가 프로이트를 체계적으로 강독해감에 따라 바뀌게 되었다. 리쾨르에게서 프로이트는 세 사람 중 한 명이 아니라, 언어와 윤리 그리고 문화에 대한 해석에서 니체나 마르크스가 제기한 전투적인 해석들의 진원지(震源地) 또는 특권적인 증인처럼 읽혔다. 심지어 법과 사회의 문제, 규범과 공동체 문제의 기원(起源)에 관한 사유도 마르크스만큼이나 프로이트에게서도 잘 밝혀진다는 입장을 견지했다. 프로이트의 사상적 전선(戰線)은 다른 이들의 그것과 외재적인 관계를 이루며 굳어 있는 것이 아니라, 유연한 선(線)—다른 이들의 전선이 끊임없이 프로이트의 전선과 맞물림으로써 프로이트의 전선으로 넘어오도록 만드는 선—으로 구성되어 있다는 것이 리쾨르의 입장으로 보인다.

많은 이가 리쾨르가 프로이트적 담론을 해석학의 한 영역으로 국한시킨다고 비판하기도 하고, 또 그가 1965년의 저작에서 보인 '위상학-경제학-동력학'이라는 세 가지 접근의 틀이 프로이트 자신에게는 그다지 중요하지 않았다고 보는 이들도 있으며, 들뢰즈나 라캉을 따르는 이들은 리쾨르의 독법이 여전히 관념적이거나 유심론적 경향이 있다고 비판하기도 한다. 모든 텍스트는 그 텍스트의 외부에서 바라보는 비판적 관점을 허락할 수밖에 없다. 저자의 의도는 텍스트 자체에 대한 외재적인 독법에 필수적인 사항은 아닐 것이다. 다만 참고 사항일 뿐이며 또 그것을 강요해서는 안 된다. 그러므로 참고 사항 정도로만 리쾨르의 의도를 알아볼 필요가 있다.

이미 1950년에 의지의 문제를 다루면서 리쾨르는 오히려 의지를 근거 짓고 의지를 앞서는, 의지할 수 없는 것에 대한 발견에 집중했다. 아이의 애정적 환경에서의 부모의 부재는 근원적인 트라우마[외상(外傷)]를 형성한다. 다시 말해 인간의 의지 활동은 충족되지 못한 무의식의 영향을 받는 만큼 그렇게 착하지도 중립적이지도 못하다는 것이다. 이른바 악한 의지의 문제 또는 악의 문제가 1960년 리쾨르에게서 중심적 문제로 부상하게 되고 『악의 상징』이 종교적 고백과 이와 관련된 4가지 신화론에 입각하여 문제 해결을 시도했다고 한다면, 1965년 저작인 『해석에 관하여: 프로이트 시론』은 무의식과 그 언어적 재현물이 가지는 철학적 위상을 중심으로 문제 해결을 시도했다고 할 수 있다. 따라서 1960년 이후 탈신성화의 선구자인 프로이트와의 대면은 리쾨르의 철학적 내면 문제의 해결 과정에서는 필연적인 결과였다. 또한 이미 말한 대로 현상학과 반성철학 및 저자의 의도를 중시하는 해석학 일반에 대한 철학적인 상대자로서 프로이트는 리쾨르에게 필연적인 대화 파트너였다.

교우 관계―레비나스, 데리다, 가다머

리쾨르의 교우 관계에 대해서는 레비나스, 데리다, 가다머와의 관련성만 짤막하게 언급하고자 한다.

레비나스는 인간적·종교적·철학적으로 리쾨르와 깊은 유대를 가졌던 철학자이다. 레비나스는 후설의 제자로서 아마 프랑스 현상학 계승의 첫 주자이고, 사르트르나 메를로-퐁티보다 앞선 현상학 연구자였다. 1929년 후설이 파리에서 "선험적 현상학의 소개"라는 제목으로 강연한 것을 수정 보완한 『데카르트적인 성찰』[9]을 출간할 당시에 불어 번역을 담당한 이가 바로 레비나스였다. 리쾨르와 레비나스는 이탈리아의 카스텔리 박사가 주도하는 철학 종교 세미나의 주빈으로 정기적으로 참석했고, 최근 작고한 교황 바오로 2세의 저녁식사에 여러 차례 초대받아 로마 근처의 교황 별장에서 함께 식사를 하기도 했다.

리쾨르와 레비나스가 공동 저작한 책은 한두 권이 아니다. 게다가 우연의 일치라고 할 수 없을 정도로 두 사람의 인연은 이어졌다. 두 사람은 스트라스부르그 대학과 파리 10대학을 함께 거쳤고, 1962년 레비나스의 박사 학위 논문 발표 때 리쾨르는 심사위원의 한 사람으로 참석했을 뿐 아니라, 심사가 있기 며칠 전에 데리다가 리쾨르의 집을 방문했을 때도 리쾨르는 그에게 레비나스의 논문 「전체성과 무한 Totalité et infini」을 보여주면서 "아주 위대한 저작이고 하나의 사건"이라며 칭찬을 아끼지 않았다. 그 이듬해 데리다가 「폭력과 형이상학 Violence et métaphysique」이라는 논문에 레비나스를 프랑스 철학계에 아주 중요한 인물로 등장시킨 것은 결코 우연이 아니다. 데리다는 레비나스와 그의 작품을 만난 것이 자신의 삶에서 "행운"이며, 레비나스와의 "경탄에 마지않는 우정"을 30여 년간 지속할 수 있었던 것도 리쾨르 덕분이라고 말했다.[10]

에마뉘엘 레비나스. 레비나스의 철학은 리쾨르 윤리학에 많은 영향을 주었다.

리쾨르 역시 자신의 윤리학을 구성하는 데 레비나스가 공헌한 바를 충분히 인정했으며, 후설이나 하이데거에게 결정적으로 결여되어 있는 타자론(他者論)을 극복하는 현상학적 운동에서 탁월한 인물로 레비나스를 언급했다. 메를로-퐁티에게서 현상학의 미학적 전회가, 리쾨르에게서 현상학의 해석학적 전회가, 레비나스에게서 현상학의 윤리적 전회가 일어난다고 말한다면 그것은 틀린 말일까?

하지만 과함은 모자람보다 나은 사태인가? 리쾨르는 후설과 하이데거의 타자론에서 목격한 결핍이나 부재의 또 다른 극단인 과도함을 레비나스에게서 발견한다. 타자가 더 이상 인식론적 접근의 대상이 아니라는 점에 동의하면서도 한편으로는 타자와 그 타자를 환대할 또 하나의 주체 사이에 벌어진 극단적인 비대칭성에는 동의하지 않는다. 레비나스의 비대칭적 윤리학에 동의하지 않는다고 해서 레비나스에 대한 전적인 비판이라고 보기는 어렵다. 아우슈비츠를 몸소 감내한 유대인 철학자 레비나스에게 서양의 형이상학과 현상학은 전쟁과 폭력의 화신이자 동일성의 제국에 사로잡혀 허우

적거리는 담론에 지나지 않는다. 명시적으로 언급하지는 않았지만 리쾨르는 레비나스의 과함이 후설 특히 하이데거의 모자람보다 시대적으로 훨씬 더 절실하다고 나름대로 판단했는지도 모른다.

리쾨르보다 일 년 먼저 세상을 떠난 데리다(1925~2004)는 고등사범학교 학생이던 1953년에 『에스프리』지가 주관하던 세미나에서 리쾨르를 처음 만났다. 데리다의 회고에 따르면, 이 세미나에서 "역사와 진실"[11]이라는 주제로 리쾨르의 발표가 있었는데, "명확하고 우아하고 논증력이 있고 권위적이지 않으면서도 권위가 있었으며, 현실에 대한 적극적인 사유의 참여를 보여주는" 발표였다고 한다.

1960년부터 데리다는 소르본 대학 철학과의 '철학 일반' 강좌의 조교(지금의 강의 전담 교수나 강의 조교 정도) 자리를 맡고 있었는데, 명목상으로는 캉길렘(Canguilhem)이나 리쾨르 등 그 당시 소르본 정교수들의 조교였지만, 특이하게도 자신의 강의와 세미나를 자기 나름대로 꾸밀 수도 있었고 조교 일에서도 상당한 자유도 누렸다. 데리다는 박사과정 통과학위에 해당하는 논문을 후설의 '발생'(genèse) 문제를 가지고 준비하면서 리쾨르의 후설 번역을 접하게 되었는데, 그는 이 번역본에 대해 리쾨르에 의해 "번역"되었을 뿐 아니라 그에 의해 "입문되고, 주석되고, 심지어 해석된" 아주 풍성한 번역물이라고 극찬을 했으며, 자신에게 후설 독해를 안내하고 그 길을 비추어주었다고 고백했다.

리쾨르가 후설 아키브 소장 재직 시에 열었던 후설 세미나에서 데리다와 레비나스는 자주 조우하는 사이로 발전했다. 리쾨르는 여러 인터뷰에서 또래 철학자들 중에서 데리다가 가장 영민하다고 칭찬했으며, 파리에서 가다머와 데리다가 하이데거에 대한 논쟁을 벌였을 때도 데리다를 이해하려는 입장을 후일 보이기도 했다. 은유(métaphore)의 문제를 두고 1970년대 초반 리쾨르와 데리다 사이에 이견이 없었던 것은 아니지만, 둘 사이를 갈라놓을 정도는 아니었다. 리쾨르는 레비나스의 영전에 바친 데리다의 조사(弔詞)가 아주 감동적이었다며 칭찬을 아끼지 않았다. 데리다는 죽기(2004년 10월) 몇 달 전인 2003년 12월 31일 리쾨르와의 관계를 회고하는 글[12]에서 마치 자신과 리쾨르의 죽음을 예감이라도 하듯 그들 사이의 대화를 옮겨 적었다.

그렇게 오래전은 아니고 리쾨르가 내게 이런 말을 한 적이 있다. "죽음이 나를 두렵게 하지는 않아. 하지만 외로움은 나를 두렵게 하지!"
그런데 지금도 나는 그렇게 말하는 그에게 뭐라고 대답할 수도 없고, 그 점에 대해 더 잘 알게 된 것도 없다고 생각한다. (중략)

그러했던 것처럼 우리는 서로의 안부와 새해 소망을 나누기 위해 곧 전화를 할 것이다.

　장수하는 해석학자를 염두에 두고서 믿기도 어렵고, 그렇다고 믿지 않기도 어려운 비난의 말이 있다. 모든 것을 이해해야만 하고, 그렇게 할 수 있다고 믿으며, 또 실천을 해석학적 순환 속에서 끊임없이 유예한 만큼 보수적이기 때문에 해석학자가 장수한다는 것이다. 가다머(1900~2002)도 백수를 넘었고 리쾨르 역시 아흔두 살까지 살았으니, 장수한 것을 두고 두 철학자에게서 공통점을 찾으려는 노력은 헛된 만큼이나 재미있을 수도 있다.

　하이데거 사후 독일을 대표하는 철학자 또는 해석학자로서의 가다머와 프랑스에서 거의 유일하게 해석학의 흐름을 대변하는 리쾨르 사이에는 뚜렷한 사상적 유대와 교우 관계가 엿보인다. 둘 다 플라톤이나 아리스토텔레스 같은 고전에 무척 밝았고, 하이데거를 아주 중요한 철학자로 평가했으며, 개별 텍스트의 해석에 집중하는 국지적 해석학에서 해석 활동 일반을 다루

한스 게오르그 가다머. 주체와 텍스트를 바라보는 시각이 리쾨르와 무척 닮았다.

는 보편적 해석학으로의 전회 이후에 이 두 방향을 아우르는 아주 분명한 해석학적 업적을 쌓았다. 개인적인 만남도 잦았을 뿐 아니라 서로의 70회 생일을 축하하는 헌정 글을 주고받기도 했다. 하버마스와 가다머가 그 유명한 논쟁을 벌였을 때, 리쾨르는 해석학의 입장에 서서 결론적으로 해석학이 하버마스가 말하는 비판적 기능을 나름대로 수용할 수 있다고 말함으로써 양자 간의 차이를 변증법적으로 지양할 수 있다고 지적하기도 했다.

또한 리쾨르는 인터뷰에서 "철학적으로 누구와 가장 가깝다고 생각하느냐?"는 질문에 거리낌 없이 "가다머"라고 대답할 만큼 그를 친근하게 느꼈다. 그뿐 아니라 리쾨르는 하이데거의 『존재와 시간』 이후 독일에서 나온 가장 비중 있는 철학적 작품으로 가다머의 『진리와 방법』(1960)을 선뜻 추천했으며, 많은 우여곡절이 있기는 했지만 이 저작을 불어로 옮길 때 제안자로 감수자로 기획자로 참여하기도 했다. 리쾨르와 가다머 사이의 많은 개인적 인연과 학문적 관계를 논하는 것은 또 다른 연구 작업임이 틀림없지만, 두 사람을 함께 묶을 수 있는 유대의 끈들 중에서 어렵지 않게 찾아볼 수 있을 것 같다.

하이데거가 말하는 인간 현존재의 근본적인 선험[13] 구조이자 현존재의 존재 구성틀이라고까지 말하는 "세계-내(內)-

존재" 또는 현존재의 실존론적 존재 양식으로서의 "처해 있음"의 가장 구체적인 양상을 가다머는 역사의 영향과 결과 아래에 있는 의식이라는 의미로서 "영향사 의식"(影響史意識) 또는 전통에의 "귀속성"이라 말하며, 리쾨르는 "존재 안에 거하는 코기토" 또는 "다양한 언어기호의 세계에 의해 매개되는 코기토"라는 표현을 즐겨 쓴다. 어떤 이들은 이런 철학적 친근성을 두고 가다머가 발견한 해석학적 경험의 보편성이라는 착상을 리쾨르가 수용하여 언어성(言語性)을 일상적인 언어 영역의 차원에서부터 정신분석적인 상징 언어 및 종교 현상학적인 상징 언어의 해석으로까지 확장시켜 해석학적 경험을 넓히고 있다고 말하기도 한다. 하지만 적어도 문헌학적으로는 리쾨르의 이런 다양한 해석학적 우회의 지평들로의 확장이 시기적으로 가다머의 영향 이후인지 이전인지는 그렇게 단정적으로 말하기가 어렵다. 왜냐하면 현상학적 방법에 해석학적 문제를 접목시킨 리쾨르의 해석학은 이미 1960년 『악의 상징』과 1965년 『해석에 관하여: 프로이트 시론』에서 이런 길로 나아가고 있었기 때문이다. 후설 현상학과 하이데거의 해석학적 현상학의 운동적 흐름을 꿰뚫어 보고 있는 이 노련한 두 철학자의 철학적 운동은 누가 누구의 것을 수용했다고 말하기 전에, 각자의 길을 걸었거나 돌아보니 지나온 족적 사이에 닮음이 생겼다고 말하는 것이 사태적으로 더 옳아 보인다.

텍스트 해석학과 그 주요 개념들을 두고 두 철학자가 보이는 친화성 또한 주목해야 한다. 리쾨르의 텍스트 해석학의 중요한 개념틀인 저자로부터의 의미론적 자율성, 텍스트의 세계(가다머 용어로는 Sache des Textes), 거리 두기(가다머 용어로는 Verfremdung), 자기화(가다머 용어로는 Anwendung, Aneignung) 등은 가다머와 교환 등치 내지 교환 가능할 정도로 친밀하다. 하지만 리쾨르의 텍스트 해석학은 그것이 차지하는 역사적 맥락에서 보면, 가다머보다 상위의 일정한 이론적 방향성을 갖고 있는 것으로 보아야 한다. 그렇게 다양한 해석 활동들이 귀속되는, 또 그렇게 읽힌 의미들이 수용되고 체현되어야 할 귀향의 지점에 대한 물음이 리쾨르에게는 더 중요한 것이다.

우리가 너무 앞질러 말하는 것이 될 수도 있겠지만, 리쾨르의 현상학적 의지론 및 상징과 은유 해석학 그리고 이야기론을 포함하는 텍스트 해석학 등은, 우리가 '주체 철학'(philosophie du sujet)이라는 보다 논쟁적 표현을 피하고 싶다면 리쾨르의 '주체 이론' 또는 '주체에 대한 문제 제기론'의 틀 속에 위치시켜야만 할 것이다. 의미론적 자율성 및 거리 두기는 저자 또는 쓰는 주체라는 상관항을, 텍스트의 세계 및 자기화(自己化)는 독자 또는 읽는 주체라는 근본적인 상관항을 배제시키고는 진정으로 논의될 수 없을 것이다. 리쾨르 철학의 그 파노라믹한 여정 속에서도 우리가 놓치지 말아야 할 중심적 심급(審級)과 화두는 주체의 다양한 변신의 놀이이자 유희가 아닐까?

2부

『해석의 갈등』
그리고 그 전과 후

Le conflit des
interprétations

『해석의 갈등』은 프로이트 정신분석학이 데카르트 이래의 서양 근대 철학에 던지는 근본적인 도전을 의식으로서의 인간 주체에 대한 도전으로 규정하고, 인간 주체에 대한 물음의 틀을 다시금 생각하게 한다. 또한 이중의미의 언어 표현인 상징(symbole)에 대한 해석 과정의 알파와 오메가, 즉 상징의 정의에서부터 그 해석 방향의 목적에 이르는 전 과정을 보여줌으로써 종교적 삶에 문제되는 죄의 체험과 악의 문제, 그리고 '아버지' 상징에 대한 탈환원주의적 접근을 보여주는 대표적 저서이다.

1장

『해석의 갈등』그 이전

의지는 무얼 먹고 자라는가

　　지금까지 필자를 따라온 독자라면 이제 『해석의 갈등』의
본격적인 내용에 대한 설명이 나올 법도 한데, 왜 정작 그 속
으로 들어가지 않고 머뭇거리며 『해석의 갈등』 그 이전으로
다시 돌아가려는지 의아해할지도 모른다.

　　가령 여러분의 키가 현재 170cm라고 한다면, 150cm나
160cm이었을 때와 지금의 여러분은 다른가, 아니면 같은가?
신체적 성장과 연속성에서 키의 수치화는 인위적인 잣대일
뿐이기에, 그 신장의 수치들 간의 거리는 별 의미가 없는 것
인가? 반대로 각 수치마다 정신적·인격적 체험들의 내용이
상이하므로 변별 가능할 정도의 차이들에 주목할 수도 있을
것이다. 그러니까 13세 때의 나와 20세 때의 내가 키가 다르

듯 마음의 내용들도 다르다는 것이다.

한 저자의 저서들 간의 연속성과 차이는 어떻게 자리 매김해야 할까? 나는 『해석의 갈등』 그 이전을 언급함으로써 그저 그런 문제만을 제기하고자 할 뿐이다. 정답 강박증후군에서 벗어나 그냥 말해본다면 여러 가지 이론적 모델이 가능해진다. 뿌리에서 줄기를 통해 열매에까지 이르는 내적 흐름을 긴밀히 간직하는 하나의 수목적(樹木的) 모델, 상황과 필요에 따라 자신의 일부를 소외시켜도 유지 가능한 절지동물적 모델, 같이 한데 모여 있지만 상호 간의 구속적 결합력은 거의 없는 해변의 모래알 모델……, 우리의 철학자 리쾨르의 경우는 어떠할까? 뿌리나 열매와 같은 책이 있는가? 혹은 절단될 수 있는 다리와 같은 저서가 있는가? 아니면 몇십 권의 저서가 있지만 한 저자가 생산한 것으로 보기에 어려울 정도로 결합력이 없는 것인가?

리쾨르의 저서들 간의 성격을 감히 말해본다면, 한 저자의 첫 번째 저서와 두 번째 저서 사이에 교집합적 부분이 있고, 새로운 여집합 때문에 두 번째 저서의 도약이 돋보이고, 다시금 교집합과 여집합을 이루며 세 번째 저서를 구성하는 모양새이다. 결국은 둥근 모양의 목걸이처럼 처음과 끝이 만나는 구조를 띠지만, 상이한 색깔의 구슬로 알파와 오메가가 만난 환(環) 모양의 모델은 아닐까? 따라서 교집합 없는 여집합은 상상하기 어렵다. 『해석의 갈등』이 지닌 여집합적 요소가 있겠지만, 그것은 『해석의 갈등』 그 이전의 저작들과 가지는 교집합적 부분들과의 관련성 속에서만 진정한 의미를 찾을 것이다. "『해석의 갈등』 그 이전"이라는 제목은 시간적 단절이나 인식론적 불연속을 뜻하는 것이 아니라 교집합과 여집합, 연속과 불연속을 동시에 말하기 위한 것이다. 필자가 보기에 신체를 지닌 구체적인 인간 실존과 그 실존의 의미 추구적 상황을 해석학적으로 드러내주는 상징이야말로 지금 이 수준에서 우리가 언급하고자 하는 리쾨르의 철학적 작업의 진정한 교집합적 부분이다. 앞서 잠시 언급한 바 있지만 서론이나 서두가 없는 논문 모음집 형태의 『해석의 갈등』 그 첫 장을 펼치자마자 "실존과 해석학"이라는 조감적 글이 우리를 맞이하는 것은 결코 우연이 아니다.

이제 본론으로 들어가 보자. 사실 이 '의지와 신체'라는 주제는 리쾨르의 1950년 저작의 핵심 테마이지만 우리의 본론과도 관계가 있기에 그 안으로 들어가 보기로 한다. 오늘 점심을 중국집에서 먹기로 했다고 치자. 자장면을 먹을까 짬뽕을 먹을까는 여러분 각자의 선택에 달려 있다. 그런 고통스런(?) 선택을 강요당할 필요도 없이 요즘은 짬자면 한 가지로 해결할 수 있다. 아니면 다른 테이블에 있는 단무지 그릇에

붙은 파리 몇 마리 덕분에 그 집을 나와 백반집으로 갈 수도 있다. 예외적인 경우를 제외하고는 자장면을 우리가 먹도록 강요당하거나, 필연적으로 그렇게 할 수밖에 없는 강제적 상황을 상정하기란 매우 비현실적이다. 우리는 주문해놓고 안 먹을 수도 있으며, 주문에 따른 경제적 불가피성 때문에 그릇 밑바닥이 보일 때까지 먹기를 감내할 수도 있다. 자유로운 결정과 선택에 기초한 의지를 종종 '자유의지'라고 부른다. 풀이하자면 배고픔 때문에 중국집, 백반집, 라면집 등에 가서 원하는 것을 주문해 먹을 수 있다. 점심 메뉴로 음식의 다양한 종류를 선택하는 것은 자유의지의 첫 번째 수준이자 단계이다. 그렇다면 과연 배고픔이라는 사태나 현상은 자유로운 의지와 어떤 관계인가?

배고픔을 단지 생리학적으로 보면 대사 활동에 필요한 열량의 부족이나 결핍 또는 내장 기관들 중 하나인 위(胃)의 공복 상태라고 규정할 수 있다. 하지만 철학적으로나 현상학적으로 보면 이는 매우 실망스러운 규정이다. 왜냐하면 배고픔을 느끼거나 겪는 것은 바로 나 자신인 나의 몸이지, 개별적인 장기로서의 위가 아니다. 반대로 음식물의 섭취가 주는 포만감은 위장이 느끼는 것이 아니라 바로 나 자신인 나의 몸이 느낀다. 나와 나 자신의 신체가 분리되지 않은 상태로 체험하는 나의 배고픔이 나로 하여금 무얼 먹도록 자유롭게 선택하게 하는 동기(motif)가 된다.

배고픔은 철저하게 수동성의 체험이며 비의지적이다. 다시 말해 배고픔은 내가 능동적으로 배고프도록 선택할 수 있는 대상이 아닐뿐더러, 배고프지 않을 수도 없고 또 배고프지 않게 할 수도 없기 때문에 전적으로 수동적인 것이다. 능동적이고 자유로운 의지 활동의 첫 단계인 결정에 이미 그리고 부인할 수 없을 정도로 신체의 개입과 영향이 엄존한다. 인간은 신체적으로 실존하는 방식이 아닌 다른 방식으로 살아갈 수 없다.

물론 이런 배고픔의 수동성을 지나치게 강조하여 배고픔이 우리의 의지를 조건 없이 강제하거나 구속하는 것으로 보는 우를 범해서도 안 된다. 배고픔이라는 동기를 초월하는 또 다른 동기들 때문에 아사(餓死)에 이르는 단식을 할 수도 있는 것이 인간의 의지이다. 조국과 친구를 배반하느니 차라리 굶어 죽는 편이 낫다고 믿는 이도 많고, 또 이를 실천에 옮기는 이도 적지 않다. 마찬가지로 그 반대의 경우도 허다하다.

결국 이 점이 잘 예증해주는 사실은 배고픔은 반(反)의지적이거나 초(超)의지적이지는 않다는 것이다. 그래서 우리는 빵을 훔쳐 먹은 『레미제라블』의 장발장을 동정하는 것과는 무관하게 윤리적으로 또는 도덕적으로 그를 비난하는 데 별 문제를 느끼지 못한다. 배부른 돼지보다는 배고픈 소크라테스가 되겠다는 이야기는 신체에 대한 정신의 단적인 우위나 저급한 가치에 대한 고결한 가치의 우위에 대한 비유로만 읽혀서는 안 된다. 오히려 고매한 정신적 결단의 신체적 뿌리박음의 반증으로 읽혀야 할 것이다.

자유의지의 의미를 잘 분석해보면 배고픔이라는 동기나 이유에 바탕을 둔 결정이 이런 의지활동의 첫 번째 수준을 이룬다. 다른 한편으로 이 결정을 신체적 활동으로 이행시키는 것이 요구되는데 이것이 의지활동의 두 번째 수준이다. 동기가 없으면 결정이 없다. 하지만 신체적 수행(또는 이행) 없는 결정은 공허하다. 내가 내 몸을 움직여 무엇을 하지 않는 한 나는 아직 온전하게 무엇을 의지하고 있다고 말해서는 안 된다.

의지의 첫 단계인 결정은 일단 신체적 동기를 수용해서 형성되지만(물론 비신체적 동기들도 무수히 많다) 아직은 그것을 구현할 신체적인 움직임이 포함되어 있는 상태는 아니다. 나는 배가 고프면 이를 막을 도리가 없다. 그런데 김밥을 먹으러 가기로 마음먹고서도 아직 한 발도 떼지 않았다. 아직 의식 내재적인 수준의 의지가 결정의 단계인 것이다.

신체를 통해 신체를 가로지르며 이 결정을 세계 속에서 구현하는 것이 의지의 두 번째 단계인 행위 또는 실행의 단계이다. 발걸음을 떼고, 식당 문을 열고, 주문을 하고, 손과 입을 움직여 한 모금의 짬뽕 국물을 들이키는 것이야말로 의지의 진정한 국면이자 공허했던 결정의 진정한 외화(外化)이다. 이 때 의지는 철저하게 결정의 단계에서와 마찬가지로 신체에 의존적이며 신체에 근거한다. 이 신체적 의존과 근거는 그 자체적 성격상 도대체 논리적이거나 명시적이거나 주제적인 것이 아니다. 과연 어느 누가 식당 문을 열면서 '내 손이 문을 연다' 라는 그런 의식적이고 자각적인 사유를 매 순간마다 한단 말인가? 묘하게도 의지의 매 국면마다 그 의지는 신체 의존적이지만, 신체 역시 철저하게 의지에게 순종적이고 자발적이며 신체를 그림자 따르듯 수행한다. 대부분의 인간 의지활동에서 그 신체의 수행 방식은 비(非)반성적이고 비(非)표상적이며 비(非)주제적이다.

어두운 계단으로 내려가는 줄 모르고 첫발을 내디뎠을 때를 생각해보자. 신체는 헛디디지 않으려는 의지적 노력을 눈에 보이지 않게 뒷받침한다. 늘 일정한 크기의 상자를 일정한 힘으로 들고 나르는 택배 기사를 떠올려보자. 그리고 그가 사과 상자만 한 크기의 솜으로 가득 찬 솜 상자를 사과 상자들 속에서 갑자기 집어 들었다고 가정해보자. 이때 그는 무척 가볍고 수월하다는 느낌을 가지게 되는데, 이는 신체가 이미 의지나 의식 활동의 주문과 요구에 잘 맞추어져 있고 충분히 사전에 비반성적으로 준비되어 있다는 것을 뜻한다. 물론 상당한 정도의 난이도와 완성도를 요구하는 의지 활동의 경우 아직 정착되지 못한 신체적 도식(圖式) 때문에 처음에는 서둘러 그만큼의 의식적이고 주제적인 주의와 노력이 필요하지만, 습관의 힘과 능력은 이를 충분히 극복할 수 있게 한다. 오랜 연습이 낳은 훌륭한 연주자의 현란한 솜씨나 운동선수의 민첩한 손놀림과 발놀림을 보라.

적어도 여기까지는 의지가 신체와 그 힘에 의존하여 이를 먹고 성장하고 아름다운 인간 의지의 결과물들을 산출해낼 수 있는 단계이다. 신체는 의지에 동기를 제공하고, 이를 세계 속에서 구현시키도록 인간 행위의 기관이 되어준다. 그동안의 단계에서는 의지와 신체는 상호 의존적이고 공존적이며 협력적이었다. 하지만 굳이 반사신경적 반응이나 자율신경적 움직임을 언급하지 않더라도 인간 의지가 더 이상 자신의 영향력을 자유로이 행사하지 못하고, 마치 구속이나 강제와도 같이 감내할 수밖에 없는 제한된 방식으로 신체를 받아들이는 단계도 엄존한다. 우리는 여기서 앞에서의 두 차원과 단계의 의지, 즉 결정과 신체적 실행처럼 신체와 관련된 구속이나 필연성들만을 언급할 것이다. 물론 역사나 사회, 타인 등이 이미 하나의 의지 또는 주체에게 더 이상 의지적이지 않은 요소로 작용하고 있다는 점을 우리는 간과하지는 않지만, 지금의 논의 범위에서는 벗어난다.

가장 극적으로 그리고 가장 한계적으로 인간 의지가 더 이상 의지하지 못하는 신체적 임계점(臨界點)은 아마도 나의 생명일 것이다. 통상적으로 그 생명에는 '탄생-성장-죽음'이라는 사이클이 포함된다고 본다. 우리의 철학자 리쾨르는 특이하게도 죽음을 비의지적인 것에서 제외시키려고 하는데, 나름대로 이유가 있지만 나중에 들어보기로 하자.

인간 실존과 그 개념적 해명을 철학의 과제이자 소명이라고 부를 정도로 리쾨르가 인간 실존에 부여한 중요성을 우리는 익히 알고 있다. 사르트르는 "실존이 본질에 앞선다."고 했고, 하이데거는 인간 현존재의 세계 속으로 "내던져져 있음"(Geworfenheit)을 힘주어 말하기도 했다. 전자는 '인간'의 그 내용적 규정이 스스로 그 자신에게 전적으로 주어져 있고 책임져야 하는 것이라는 점을 강조한다면, 후자는 인간이 세계-내(內)-존재로 그 세계에 존재하는 방식을 말하고 있다. 풀이하자면 내가 어디로부터 왔는지 또 어디로 가야 할지를 나 스스로 떠안아야 할 방식으로 내던져져 있다는 것이다.

리쾨르는 보다 더 구체적인 용어로 신체적인 인간 실존의 특성을 언급했다. 인간이 신체인 것에서 오는 모든 유한성과 필연성을 고려하는 것이 반드시 인간 실존에 대한 사유에 포함되어야 한다고 생각했다. 통상 실존주의가 개인의 기획-결단-행위를 강조한다면, 리쾨르는 애초에 인간 실존이 기획할 수 없고 결단할 수 없고 더 이상 행위의 가능적 대상에 포함시킬 수 없는 것들도 실존의 성찰에 포섭시켜야 한다고 본다.

　나의 탄생을 잘 들여다보자. '나의'라는 소유형용사가 무색할 정도로 정작 나는 의지적으로 아무것도 한 것이 없다. 이런 점에서 나의 생일은 나의 탄생을 일정 정도로 의도하거나 의지한 부모님을 위한 것으로 봐야 더 사태적으로 맞다. 핏덩어리로 주어진 것이고 받은 것이다. 그 핏덩어리가 나에게 주어졌다는 점에서 사후적(事後的)으로 나의 탄생과 나의 생명이 되는 것이지, 반드시 애초부터 나일 이유나 필연이 없다는 점에서 그 속에는 어떤 우주적인 우연이 개입한다. 배고픔과는 비교할 수 없을 정도로 철저한 우연적 수동성이다.

　양육과 성장에 따르는 비의지적인 측면 또한 무시될 수 없다. 인간 생명체의 초기 단계는 전적으로 타자 의존적이고 수동적이다. 생명체 내재적으로 보아도 의지하건 않건 나의 성장은 이루어지며 나는 늙고 병든다. 규칙적인 운동과 약으로 병과 늙음을 감속시킬 수 있는 시대가 눈앞에 있다고 말하는 건강 전도사들의 담론이 횡행하고 있지만, 생명의 본래적인 비의지성을 상쇄시킬 정도는 물론 아니다.

　탄생의 대칭적 사건인 죽음 또한 더 살고자 의지해도 그 의지를 무력화시킨다는 점에서 가장 비의지적인 사건으로 볼 수 있다. 그러나 나의 죽음을 자살이나 고귀한 희생으로

앞당길 수 있다는 점에서 전적으로 비의지적인 것은 아니다. 더군다나 나는 나의 죽음을 진정으로 체험할 수 없다는 점에서 나의 탄생은 나의 성장과는 다른 것이다.

생명과 직접 관련된 비의지적인 것으로 탄생, 성장, 늙음 등을 말할 수 있는 데 반해, 리쾨르는 성격과 무의식이라는 또 다른 의지할 수 없는 것을 제시한다. 성격에 대한 논의는 그 논의가 가지는 철학적 중요성이나 의미[1]와 무관하게 『해석의 갈등』과는 직접적인 관련성이 없으므로 여기서는 제외하도록 하자.

철학은 오랫동안 "너 자신을 알라"는 소크라테스 선생님의 유언을 유산인 동시에 부채로 짊어지고 살아왔다. 인간의 자기 인식 또는 자기 이해만큼 시급하고도 난해한 과제가 또 있으랴! 신체적 동기가 인간의 자유의지의 근거 있음을 보여주고 또 신체적 행위가 인간의 자유의지의 실제적인 효과성과 관계한다면, 무의식은 인간 의지와 의식의 불명료성과 불투명성 그리고 심연이라고 말해야 한다. 데카르트는 『철학의 원리』(1부 9항)에서 "사유한다는 것은 우리가 직접적으로 우리 자신에 의해 파악(인식)될 수 있다."고 자신 있게 말하지만, 프로이트 이후에는 어느 누구도 더 이상 코기토의 투명성을 의심할 수 없는 것으로 소박하게 믿지 않는다. 사물에 대한 의심을 통해 의식의 명증성과 투명성이 확보된다는 철학석 신보는 근내의 아버지인 데카르트에게서 이룩되었지만, 의식이 그 스스로 의식하고 자각하지 못하는 다른 것에 의해 속임을 당할 수 있다는 점을 가장 구체적으로 보여준 이는 프로이트이다. 이에 대해서는 나중에 좀 더 자세히 언급할 기회가 올 것이다. 어쨌든 자기 명증적이고자 하는 의식과 관련하여 프로이트가 발견한 무의식을 리쾨르는 다음과 같이 정의 내리고 있다.

> 무의식은 (의식) 자신에게 의미와 형식을 부여할 수 있는 무한한 가능성이자 동시에 (의식) 그 자신을 물음의 대상으로 만들어버리는 무한한 가능성을 의식에게 제공하는 어떤 감정적인 질료이다.[2]

그래서 프로이트가 믿는 대로 의식이 그 스스로의 능력이나 성찰로서 직관적으로 인식하거나 파악할 수 없는 것이 바로 이 무의식의 영역이라면 정신분석가의 매개와 해석의 활동이 필요하게 되는 것이다. 결국 의식이 그 스스로의 심연으로 아무런 매개 없이 직접적으로 도달할 수 없다는 점에서 무의식은 의지에게 하나의 비의지적인 것이다. 과연 무의식은 욕망과 충동의 덩어리로서 자신을 표현하고 해독할 수 있는 모든 수단을 막고 있는가? 어느 정도는 그렇고, 어느 정도는 그렇지 않다. 해독의 원초적인 불가능성도 거짓으로 보이고, 해독의 무결한 완결적인 가능성도 그만큼이나 허황되다. 인간 실존은 그 사이의 어느 지점들에서 방황하며 살아가는 것임이 틀림없다. 의지(意志)는 신체에 의지(依支)하며 살아가는 반면, 신체는 온순한 말[馬] 같다가도 그 알지 못하는 힘으로 의지를 배반하거나 기만한다.

빙산의 가시적인 표면과, 비가시적인 배면(背面)이나 하면(下面)은 하나인가 둘인가? 하나이면서 둘이고, 둘이면서 하나인 이것이 인간의 내면이 지닌 가장 큰 수수께끼 중의 하나이다.

상징이 사유를 불러일으킨다

 지금부터는 좀 더 긴장해야 할지도 모른다. 실상 앞으로의 이야기는 비록 『해석의 갈등』 이전에 시작된 논의이지만 『해석의 갈등』의 중심에도 등장하는 주제이기에, 우리가 『해석의 갈등』을 제대로 따라가기 위해 반드시 먼저 논의하고 참고해야 하는 내용이다. 리쾨르의 초·중기 철학에 가장 많이 등장하는 핵심 개념어가 있다면 그것은 분명 '상징'이다. 1960년 저작 『악의 상징』에서부터 1965년 『해석에 관하여: 프로이트 시론』을 거쳐, 1969년의 『해석의 갈등』에 이르기까지 리쾨르의 철학적 화두를 이룬 것이 바로 상징들과 그 해석들을 둘러싼 갈등이었다고 해도 과언이 아니다. 상징의 개념, 그 구조, 그 출현 영역, 그 상징과 사유의 관계에 대한 논의 등이 우리가 우선적으로 좀 더 자세히 공부해야 할 내용들이다.

흔히 비둘기는 평화의 상징, 십자가는 고난의 상징이라고 할 때, 그리고 예술 작품들 속에 등장하는 많은 상징을 만날 때, 우리는 상징을 구체적인 사물(비둘기, 십자가 등)을 직접 가리킨다거나 회화 속에 등장하는 그림 이미지들을 가리킨 다고 이해한다. 구체적인 사물이나 회화적 이미지로서 지칭 되는 상징들도 있고, 윤동주의 「서시」를 읽을 때 나오는 "하 늘을 우러러"에서 하늘과 같이 사물적 차원을 넘어서서 언어 적 차원을 가진 시적 상징어도 있다. 이뿐만 아니라 단군신화 에 등장하는 '곰', 곰이 먹은 '마늘', 곰이 있었던 '동굴'도 모두 상징 언어로 여겨질 수 있는 것들이다. 성서의 창세기에 등장하는 '아담'과 '이브', 그들을 유혹했던 '뱀'의 존재 등 이 모든 것은 상징 및 상징 언어로 파악될 수도 있다. 물론 이 들 상징 중에는 그것이 너무 오래되고 일상적이어서 의미가 전혀 새로움을 주지 못하는 것들도 있고, 기존의 의미를 넘어 서서 어떤 새로운 의미들에 대한 강렬한 추구와 자극을 내포 하는 상징들도 있다. 우선 개별적인 상징들이 가지는 의미들 의 다양성은 접어두고 흔히 상징이라고 일컬어지는 것의 개 념과 구조에 주목해보도록 하자.

'상징적'이라 불리는 그 어떤 것—그것이 언어적이든 사 물적이든—이 사람들이 흔히 말하는 바를 넘어서서 그것과 다른 어떤 것을 뜻하거나 의미하는 모든 작용이나 기능을 보일 때, 우리는 이런 활동을 '상징적'이라고 부른다. 여기서 리쾨르는 상징을 이미지적 상징이나 사물적 상징으로 확장하지 않고 신화나 종교적 고백, 소설이나 시, 그리고 정신분석의 대상이 되는 꿈의 언어들 등에 등장하는 언어적 상징으로 제한한다. 물론 1980년대에 리쾨르는 상징 해석학을 인간의 행위나 역사라고 하는, 보다 광범위한 텍스트 해석학으로의 확장을 시도하기도 한다. 그러나 여기서는 상징으로 제한하여 논의해보자.

일종의 언어적 기호인 상징은 기본적으로 일차적이고 문자적이며 명백한 의미나 뜻을 가진 언어로서, 이 일차적 의미 안에 거주하는 이차적 의미를 가진 언어 기호이자 이 일차적 의미를 통해 이차적 의미가 관련되는 언어 기호를 리쾨르는 상징 개념으로 정의한다.[3] 리쾨르는 그 유명한 소쉬르의 '시니피앙'과 '시니피에'라는 도식을 빌려 그 도식 위에 새로운 구조를 첨부함으로써 새로운 상징 언어 개념을 제안한다.

여기서 리쾨르는 ①의 관계를 '구조적 이중성'이라고 부르는데 우리는 흔히 '표현'이라고 부른다. ②의 관계를 리쾨르는 '지향적 이중성'이라고 말하고, 우리는 '지시'라고도 부른다. 사실 소쉬르는 ①의 관계만을 언급하며, 이 관계가 필연적이거나 자연적이지 않고 자의적이라는 중요한 지적을 한다.

리쾨르가 수정한 소쉬르의 시니피앙 – 시니피에 도식

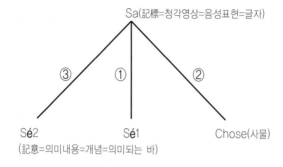

Sa(記標=청각영상=음성표현=글자)

③   ①   ②

Sé2   Sé1   Chose(사물)
(記意=의미내용=개념=의미되는 바)

　예를 들어 가을 과일 중에 하나인 실물적인 사과를 표현하
는 언어기호가 우리나라에서는 '사과'로, 불어권에서는
'pomme'으로, 영어권에서는 'apple'이라고 기표한다. 실물
인 사과는 하나이자 혼동 없는 개별자로서의 지위를 가지지
만, 그것의 기표는 실제의 사물과 필연적이거나 자연적 관계
없이 문화권 또는 관습에 따라 임의적으로 정해진다는 것이
다. 상징을 다루는 우리의 제한된 맥락에서 우리에게 중요한
것은 리쾨르가 반드시 ①의 관계 위에서 ①의 관계를 통해 ③
의 관계를 지닌, 즉 ①의 구조적 이중성 위에 새로운 또 하나
의 이중성(지향적 이중성)을 지닌 언어기호를 '상징'이라고
규정한다는 것이다. 사실 ①의 구조적 이중성은 문화적 관습
에 따라 이루어지는 자연언어의 습득과 그 습득에 기초한 의
미 형성을 우리가 받아들인다면 별문제 될 것이 없다. 다만

자연언어의 습득에 따른 노력과 인내가 요구될 뿐이다. 문제는 ①의 구조적 이중성에 바탕을 둔 ③의 지향적 구조가 만들어내는 이차적 의미, 명백하지 않은 의미, 상징적 의미가 우리에게 문제가 되며, 또 그 의미야말로 해석학의 해석 활동의 대상이 되는 것이다.

그렇다면 과연 우리가 다루고 있는 『해석의 갈등』이라는 저작의 제목까지 만들어낸 해석들 사이의 갈등은 도대체 어디에 존재하는 것일까? 앞질러 조금만 말해보자. 문제가 되고 있는 이차적인 상징 의미를 두고 하나의 해석 노선은 자신의 방법론적 틀과 제약 속에서 그 의미를 '이것'이라고 규정하고, 또 다른 해석 노선은 마찬가지 이유에서 '저것'이라고 파악하기 때문에 해석들 간의 갈등과 대면이 생기는 법이다. 리쾨르는 하나의 상징을 두고 벌이는 해석들 사이의 갈등을 조정하고 통합해보려는 어떤 철학적 소망을 가졌음이 틀림없다. 그 소망의 실현이 어느 정도로 얼마나 성공적일지는 앞으로 두고 보자.

리쾨르는 위와 같은 상징 개념 및 상징 구조를 제안하기에 앞서 자신이 내세우는 상징 개념 이전에 등장하는 상징 개념들을 비판적으로 개관한다. 아주 넓은 의미의 상징 개념으로서의 카시러(Ernest Cassirer, 1874~1945) 개념과 4가지 항으로 구성된 비례 등식에 등장하는 협의의 상징 개념이 그것이다. 카시러에게서 상징체계 또는 상징적인 것이란, 실재(實在) 세계와 인간 정신 사이를 연결하는 보편적인 매개물 전체를 가리킨다. 다시 말해 카시러는 인식 주체와 인식 대상 사이에 있는 모든 연결점을 상징이라고 부름으로써 언어뿐 아니라 음악, 회화 등 문화 전반의 모든 표현물을 상징이라고 주장한다. 이는 지나치게 넓은 상징 개념으로서 해석의 활동이 가해지는 범위가 문화 전반으로 확대되어 상징 및 해석 개념의 변별성과 범위를 모호하게 하는 문제점을 갖고 있다고 볼 수 있다.

반면에 좁은 상징 개념으로는 'A:B=C:D'에 등장하는 좁은 유비(類比) 관계적 상징 개념이다. '고체:기체=얼음:수증기' 또는 '빨간불:파란불=정지:통과'에서 볼 수 있듯이, 이 등식의 항들 중에 어느 하나가 자리를 비울 경우에도 형식적이고 직관적으로 파악될 수 있는 상징 개념은 지나치게 좁아 해석의 활동이 가해지는 이차적 의미를 내포하지 못하는 문제가 발생할 수 있다. 따라서 해석의 활동을 요구하도록 자신의 구조 안에 이차적 의미를 내포하고 있는 언어적 표현은 상징이라 불릴 것이고, 반면에 즉각적으로 파악되거나 이해되는 언어적 기호는 해석의 활동을 필요로 하지 않으므로 상징으로 분류되지 않을 것이다. 아마도 "상징이 사유를 불러일으킨다."라고 들었을 때 상징과 사유 사이에 있을 수 있는 관계에 대해 어느 정도 짐작할 수 있는 민감한 독자들도 있겠지만, 이 논의에 앞서 상징이 인류의 문화생활에서 과연 어떤 영역에 출현하는지에 대한 논의가 있어야 『해석의 갈등』이라는 중요한 철학적 테마에 대한 올바른 예비적 작업이 되리라고 본다.

리쾨르는 다음의 세 가지 영역에서 상징이 출현한다고 본다. 종교적 삶과 체험의 영역, 정신분석적 경험의 영역, 문학적 상상력의 영역이 그것이다. 위에 열거한 순서는 대체로 그동안 리쾨르의 연구 순서와 일치한다고 보면 된다. 달리 보자면 가장 풍부한 출현 영역들의 순서로도 볼 수 있다.

고대 초기 인류를 비롯하여 모든 종교인의 정화 제의(祭儀)나 의식(儀式)에 등장하는 모든 물리적 행위와 그에 대한 언급, 이를테면 불사르고, 씻어내고, 추방하고, 자르고, 땅에 묻는 등의 행위 등은 종교적 고백 언어나 신화들 속에서 그 의미에 대한 해명을 요구하는 상징적 행위이자 상징적 언어이다. 구약성경(신명기 10장)에 등장하는 할례를 보아도 그렇고 세례도 그러하다. 노아의 홍수 이야기에서 왜 하필 물로 세상을 멸망시키고 다시 구하는가? 여기서의 물은 우리가 갈증 날 때 마시는 물이 아니다. 그 이상의 뜻을 지니게 될 때 그 '물'은 상징이 되는 것이다. 마찬가지로 신화에 등장하고 언급되는 많은 자연적 존재자, 예를 들어 하늘·땅·나무 등도 전부 상징으로 파악되어야 한다는 것이다.

상징이 나타나는 중요한 또 다른 지점은 정신분석적 체험의 영역이다. 프로이트 자신이 그 자신의 분석 기법을 옌젠의 『그라디바』나 다빈치의 "모세상"에까지 확대하고 있지만, 이중적 의미를 지닌 표현들인 상징의 출현은 주로 꿈과 꿈의 이야기 속에서이다. 왜 꿈(정확히 말해 꿈 이야기)은 정신분석의 대상이 되고, 또 해석되어야만 하는가? 실상 꿈 이야기들은 앞뒤 일관성도 없어 보이고 일상적인 단어들이 등장하지만 탈문맥적이어서 새로운 의미 제시가 있지 않고는 도저히 이해하기 어려운 하나의 암호적인 텍스트처럼 보이기 때문이다. 이는 꿈의 언어들이 무의식의 힘과 의식의 검열로 인해 왜곡되어 나타나고 이중적인 의미를 지니기 때문이 아닐까? 정신분석의 목적은 바로 그 왜곡을 밝혀내고 그 이중의 의미를 드러내는 것이다. 마찬가지로 이때의 해석은 꿈 이야기라는 텍스트가 지닌 이중 의미에 대한 이해이자 해명이다.

세 번째의 상징 출현 영역은 시적 상상력의 영역으로서 우리가 흔히 말하는 문학 전반으로 이해하면 되겠다. 아마도 첫 번째와 두 번째의 상징들을 가장 많이 활용하고 의존하는 영역이 세 번째일 것이다. 시인의 상상적 능력은 눈앞에 보이지 않는 것을 마음속으로 그려내는 정도에 머물지 않는다. 언어 속에서 그리고 언어를 통해 새로운 존재를 만들어내는 능력이 바로 상상력의 본질이거늘, 시인들은 새로운 의미를 부여함으로써 일상어로부터 시어(詩語)를 길러내고, 이를 상징 언어가 되게 하는 탁월한 능력을 가진 사람들이다.

상징들이 나타나는 영역이 다양한 만큼 그 상징들을 다루는 방식과 독법도 상이하고 다른 것이 아닐까? 그래서 결국 상징을 둘러싼 해석들 간의 갈등과 대면이 불가피해지는 것이 아닐까? 우선 이들 질문에 답이 긍정적이라는 말만 하고 넘어가도록 하자.

"상징이 사유를 불러일으킨다"는 테제는 실상 리쾨르의 1960년도 저작 『악의 상징』의 결론을 장식하는 테제인 동시에 리쾨르의 상징론을 압축하는 테제이지만, 그 당시만 해도 상징과 사유 사이의 보다 명시적이고 체계적인 관계 정립은 제대로 이루어지지 않았다. 그런 중요한 작업은 1965년도 저작에 가서야 등장한다.

1960년 당시에 리쾨르는 전제 없는 철학은 불가능하다고 보고, 즉 문화권적인 상징적 언어 속에 자리 잡은 사유와 반성이야말로 현대 철학의 진정한 과제이자, 파괴적이고 환원적인 비판을 극복할 수 있는 대안이라고 믿었다. 또한 상징의 해석이 가져다주는 진정한 효과는 반성하는 자기의식의 질적 변화뿐 아니라 상징의 존재론적 기능까지도 파악해야만 한다고 그는 믿었다. 이미 리쾨르는 해석의 바다를 건널 추동력을 상징의 풍부한 의미성에서 발견했으며, 오히려 자아나 코기토로부터 철학의 출발점을 삼지 말기를 요구했다. 철학의 출발점을 찾는 것이 문제가 아니라 전제 없는 출발점을 찾는 것이 허황된다는 요지이다. 리쾨르는, 철학의 아르키메데스 점을 코기토에서 찾고 참된 인식의 내용과 타당성을 코기토의 명증성과 확실성에서 찾는 철학과는 이미 선을 긋고 있었다.

이런 점에서 리쾨르의 철학은 흔히 말하는 포스트모던적이지 않으면서도 어느 정도 탈근대적인 독자적 길을 걷고 있었던 것이 아닐까? 리쾨르는 다양한 상징들을 취할 때 발생하기 마련인 문화적 우연성과 제약성을 인정하고, 오히려 그 우연성에서 출발하여 나름의 합리성과 보편적인 논의 구조를 되찾고자 했다.

어쨌든 상징과 사유 사이의 관계에 대한 내용적 측면에 대한 논의는 나중으로 미루고 우선 형식적 측면에서 서로의 상관성에 대한 철학적 논의가 왜 중요한지에 대해 살펴보도록 하자. 이 점에 관해서 리쾨르의 주장은 다음의 두 가지 정도로 압축된다고 말할 수 있다.

1. 상징은 반성(또는 사유)에 의존한다.
2. 마찬가지로 반성(또는 사유)은 상징에 의존한다.

역설적으로 보이는 위의 두 주상은 형식논리학적으로 보면 문제가 있겠지만, 그 안을 잘 들여다보면 오히려 철학적이고 지적인 묘한 긴장과 역설을 느끼게 한다.

실제로 첫 번째 주장은 상징이 그 안에 내포된 이중적 의미의 중층성으로 인해 전(前)철학적 풍부성을 가지고 있다는 뜻이다. 왜 전(前)철학적이라고 말하는가? 아마도 상징은 이미 중층의 의미론적 구조를 가지고 있으면서 그것이 하나의 철학적 해석의 활동을 요구하며, 이를 통해 심지어는 고도의 철학적 반성에 이르게까지 할 수 있기 때문이다. 하지만 의미 해명을 위한 철학적 개입이 있어야 상징 자체의 진정한 가치를 발견할 수 있다. 사실 상징적 언어 표현들은 각종 제의(祭儀)와 감정적 표현들 속에 섞여 있을 뿐 아니라, 세상의 처음과 끝에 관한 이야기인 신화들과 분리 불가능할 정도로 그 속에 통합되어 있다. 상징과 신화는 인간의 조건과 운명을 읽어낼 수 있는 패러다임과 인간 체험을 보편화하는 틀을 철학적 반성에 제공한다고 볼 수 있기에, 오히려 철학적 반성 자체가 아니라 그것의 여명(黎明)이자 서막이다. 의미의 바탕은 상징이 되겠지만 의미에 관한 문제 제기 및 의미의 근거에 관한 문제 제기는 철학적 반성이 제기하기에, 상징은 반성과 사유를 요구하며 그것에 의존한다.

반면에 반성(또는 사유)은 상징에 의존한다는 두 번째 주장은 근대 철학이 맞이한 위기와 그 탈출의 모색을 극적으로 언명한 것이다. 상징이 '언어의 선물'로서 반성을 살찌우고, 반성의 방향을 제시하며, 인간의 자기 이해에 보편성과 존재론적 중요성을 제공할 잠재성을 지닌 데 반해, 그동안의 철학적 반성은 대상 존재자의 파악과 인식을 근거하는 자, 즉 주체의 정립에 몰두해왔다. 하지만 이런 의미의 반성은 인간의 자기 반성이긴 하되 공허한 것으로서 코기토의 정립을 제1진리로 설정하는 활동을 가리킨다. 이런 자기 정립적 반성은 리쾨르에게 공허하고 추상적인 반성으로 비판받는다.

왜 공허한가? 의식이 스스로에 대해 획득하는 직접적인 명증성과 확실성은 심리적이고 직관적인 것에 불과하기 때문이다. 다시 말해 자아에 대한 강한 느낌일 뿐 그것이 나 자신에 대한 진정하고도 내용 있는 인식과 앎인지는 분명하지 않다는 것이다. 칸트처럼 매 표상과 생각에 자아의 자기 통각이 동반한다고 주장해도 그런 반성의 추상성에는 변함이 없다. 생각하거나 의심하는 나에 대해 그 형식적인 존재 조건과 틀 이외에 무엇을 구체적으로 알려주는 반성이 아닌 것이다.

오히려 리쾨르는 철학적 담론에 선행하고 이 담론에 뿌리와 바탕을 제공할 수 있는 '언어의 선물'인 상징에 대한 해석을 통해, 자아와 그것이 주도하는 반성의 공허성을 극복하고 구체적인 철학적 반성이 되어야 한다고 본다. 자아는 즉각적인 사기 정립의 추상성에 갇혀 있을 것이 아니라, 오히려 자신의 실존을 위해 기울인 노력들을 매개하고 반영하는 작업과 매개물—그것이 작품이 되었건, 제도가 되었건, 역사적 행위가 되었건, 기념물이 되었건, 상징과 신화가 되었건—들 속에서 그리고 그것들에 의해 스스로를 진정으로 되찾는 시도를 해야 한다는 것이다.

따라서 세계 속에 흩어지고 산재한 인간의 모든 실존적인 기호와 상징은 반성으로 하여금 자신의 구체성을 확보하도록 하기 위해 반드시 통과 제의적으로 읽어내야만 한다. 아마도 이런 작업의 와중에 철학의 내부에서는 다양한 상징들이 가지는 문화적 우연성, 시·공간적 이질성, 의미적 중첩성 등으로 인한 해석적 방향들 간의 투쟁을 감내해야만 할 것이다.

결국 자아의 자기 정립성에서 출발점을 삼고자 하는 철학이 아니라, 인간의 상징적 기호들을 해독하고 해석할 줄 아는 제반 학문—그것이 구조적 언어학이든, 프로이트 정신분석학이든, 엘리아데류의 종교학이든, 역사학이든—의 성과와 방법론, 그리고 전제들에 대한 열린 자세와 비판적 수용 태도를 가진 철학이어야만 한다. 철학의 사정이 정말 그러하다면 해석학은 국지적인 학문 분과가 아니라, 지금까지의 철학이 다시금 젊어지고 생기를 되찾게 되는 여러 길 중의 하나가 될 수 있지 않을까? 아마 이 제안에 긍정적으로 답할 수 있다면 상징을 둘러싼 해석들 사이의 갈등은 불가피한 것이고, 유익하며, 오히려 생산적인 여정이 될 것임이 틀림없다.

2장

『해석의 갈등』속으로

의미는 구조로 환원되는가, 구조의 효과에 불과한가

이미 말한 것처럼 『해석의 갈등』은 일종의 논문 모음집 형태의 저작이다. 비슷해 보이는 주제의 논문들이 각각의 독립된 다섯 개의 장 아래 하부 요소를 이루며 위치해 있는 형국이지만, 실은 논제와 주장들의 내용은 조금씩 상이하고 그때그때 논의 수준과 차원도 조금씩 이동하며 변해간다. 그렇다고 이 저작에 아무런 일관성이나 체계가 없을 것이라는 선입견을 가져서는 안 된다. 각 논문마다 발표한 장소도 다르고 그 기간도 10여 년간에 이르지만, 우리의 철학자 리쾨르를 인도하고 이끌었던 문제틀의 방향마저 그렇게 늘어져 있는 것은 아니다.

필자는 『해석의 갈등』의 각 꼭지들을 장식하는 구조주의,

프로이트 정신분석학, 현상학, 상징 해석 및 종교 등등 이렇게 다양한 분야에서 나오는 그만큼의 다양한 이론과 저서, 논쟁적인 입장들 그리고 리쾨르의 비판적 수용과 대응들 등을 모두 열거하거나 소개함으로써 오히려 독자들을 어리둥절하게 만들거나 난처하게 할 생각은 조금도 없다. 해설은 반드시 그 질의 우수성을 담보하지 못하면서도 해설할 원문의 양을 초과하기 일쑤이기 때문이다. 어떤 것들은 더 강조할 것이고 어떤 측면들은 그러지 못할 것이다. 균형을 잡는 것이 목표라기보다는 『해석의 갈등』의 독해에서 놓치지 말고 염두에 두고 함께 생각하고 주목해야 할 것이 더 우선적으로 중심에 놓일 것이다. 필요하다면 『해석의 갈등』의 논점들을 보완할 리쾨르의 다른 글들을 크게 개의치 않고 참고할 것이다. 필자와는 다른 것을 들여다보고 다른 것에 방점을 찍는 것에 필자는 아무런 저항을 하지 않을 것이다. 그런 고마운 일은 해설의 빈약함이 아니라 오히려 원문이 지닌 사유거리의 풍부함을 보여주는 반증이 될 것이기 때문이다.

이제 본론으로 들어가 보자. 독자들이 『해석의 갈등』 책장을 열면 1장에 "해석학과 구조주의"라는 제목이 붙어 있고, 그 안에 각기 다른 3개의 논문을 보게 된다. 이 논문들은 소쉬르에서 출발한 구조 언어학과 레비스트로스의 인류학적 연구물에 대한 비판적인 분석이 큰 줄기를 이룬다. 필자는 이 논문들의 근본적인 문제의식은 인간의 언어활동을 지배하는 언어적 구조[레비스트로스의 신화 분석에서는 신화소(神話素)]와 그 언어활동의 의미 사이의 다양한 관계와 입장들에 관한 것이라고 판단한다.

의미는 구조로 환원되는가, 혹은 구조의 효과에 불과한가? 이 질문은 구조 언어학 전반에 관한 것이기도 하고, 다양한 분과의 구조주의 전반에 관한 물음으로 간주해도 좋다. 언어학자에게 그 구조는 일상의 언어 수행을 지배한다고 믿어지는 랑그와 그 요소들의 체계로 이해되고, 신화 분석에서는 신화의 구조이고, 무의식이 문제될 때는 무의식의 구조가 될 것이다.

'곰' [熊]이라는 단어와 '검' [劍]이라는 단어를 주목해보자. 영어에 더 친숙한 독자라면 'bad' 와 'bed' 라는 단어에 주목해도 무방하다. 아마 플라톤 같으면 곰의 이데아와 검의 이데아가 현상계의 가시적인 모든 곰과 검의 의미를 부여한다는 입장일 것이다. 한마디로 이데아와 형상이 의미의 결정자인 것이다. 이 이데아에 얼마나 접근하느냐가 의미의 정도와 진실성을 담보할 것이다. 그래서 플라톤은 이데아의 모방인 자연적 사물들을 한 번 더 모방하는 예술적 작업에 큰 비중을 두지 않았던 것이다.

하지만 사물을 초월하는 이데아 때문만이 아니라 '검'이라는 단어는 실물적인 칼이 있기 때문에 그 의미가 정해진다는 입장이 가능하다. 그러니까 단어나 언어기호의 토대와 근거는 이미 자연과 세계 속에 있다는 것이다. 이런 생각은 실상 20세기 초반의 논리실증주의의 근본 주장과 그렇게 멀리 떨어져 있지 않다. 이와는 달리 문화권 및 언어권마다 실물적인 사물인 칼이 동일한 의미를 지니지만 서로 다르게 지칭되는 현상을 두고 자연적 사물에는 언어의 의미 기반이 존재하지 않는다고 보는 이들도 있었다. 사실 플라톤은 자신의 대화편 중 하나인 『크라틸로스 Cratyle』에서 언어적 기호가 소위 '자연적'이냐 '협약적'(관습적)이냐를 두고 고민하다가 이 두 입장을 다 반박하고 자신의 이데아론을 지지했던 것이다. 우리는 앞에서 『일반언어학 강의』에서 소쉬르가 언어적 기호와 사물 간의 자의성을 밝혔다고 말한 바 있는데 이는 결국 협약설을 따른 것이다. 하지만 문제는 이것으로 끝나는 것이 아니다. 동일한 실물적 사물을 두고 전혀 딴판의 이름(소쉬르적인 용례에 따르면 시니피앙)들이 관습에 따라 존재하는 것이라면, 그 언어기호의 의미(소쉬르적인 관용어로는 시니피에)는 어떻게 정해지는가?

언어기호가 자연적 사물과 필연적인 관계를 맺는 것이 아니라는 것이 드러나게 되자, 소쉬르와 같은 언어학자들은 그 언어기호의 의미가 언어외재적인 실재, 즉 자연의 사물과는 관계없이 언어내재적인 구조와 법칙에 따라 정해진다는 믿음을 가지게 된다. 너무나 당연한 논리적 추론이다. 그래서 그런 언어학자들에게 의미란 언어적 기호의 사용자들이나 집단이 외부에 부여할 수 있는 정신적·사회적 실체가 아니다. 물론 그들도 그 언어기호가 심리적이거나 담화적인 상황 속에서 실현된다는 것을 모르지 않았겠지만, 그 구체적인 언어기호의 사용 측면들은 비본질적인 것으로 취급되었다. 마침내 소쉬르를 선두로 많은 구조적 언어학자는 언어적 기호의 의미가 언어 체계의 내부에서 결정지어진다는 테제를 주장하게 되었다.

예를 들어 '곰'이라는 단어와 '검'이라는 단어는 이 언어기호 외부에 존재하는 자연적 사물들이 아니라, '곰'이나 '검'이라는 시니피앙을 구성하는 언어학적 최소 단위 즉 음소(音素)들의 내재적인 결합 및 의존 관계에 따라 그 시니피앙이 규정된다는 것이다. 다시 말해 '곰'이라는 시니피앙은 'ㄱ+ㅗ+ㅁ'이라는 한글 음소들 간의 결합이고, '검'은 'ㄱ+ㅓ+ㅁ'이라는 음소들의 결합인데, 이때 이 시니피앙들을 구성하는 음소들 중에 차이 나는 요소가 눈에 들어온다. 바로 모음들(ㅗ, ㅓ)의 차이이며, 이것을 소쉬르는 "변별적 대립"이라고 부른다. 바로 이 차이가 '곰'이라는 단어와 '검'이라는 단어의 의미들, 즉 시니피에들과 그 차이를 결정짓는다는 것이다. 이런 사정은 영어 'bad'와 'bed'라는 시니피앙들의 시니피에도 마찬가지이다. 이 언어적 기호들을 차이 나게 하는 모음인 a와 e의 위치가 각 기호가 지시하는 사물적 사태와는 무관하게 각 시니피앙들인 'bad'와 'bed'의 시니피에들을 결정짓는다는 것이다.

랑그의 많은 하위 종류—음소, 형태소, 어휘소 등—중의 하나인 음소는 그 어떤 외부적으로 고정된 물리적(사물적) 실체를 가지고 있는 것이 아니라, 다른 음소들과의 대립과 차이를 통해서 정의되는 것이다. 이와 동일한 방식으로 하나의 의미란 음소 체계에 내재하는 하나의 차이로 정의되는 것이다. 그래서 흔히 우리가 한 단어의 의미라고 부르는 것은 그 단어의 주변과 둘레에 존재하면서 이 단어와 차이의 관계를 이루는 다른 모든 단어에 의해 구성되어진다고 주장된다. 이 것이 구조의 법칙이다. 이쯤 되면 언어적 기호의 의미는 그 개인적 사용자 또는 집단적 사용자의 의도나 의미 부여와 무관하게 언어적 기호와 그 체계를 이루는 내재적인 관계에 따라 정해진다는 말을 믿게 된다.

그렇다면 정녕 의미는 구조로 환원되는가, 혹은 구조의 효과에 불과한가? 그렇게 믿어도 좋지만 그런 믿음이 구조적 언어학의 방법론적 요청과 제약에서 유래하는 믿음임을 잊지 않는다는 조건하에서만 그렇다. 하지만 지금 우리는 이런 믿음의 부정성과 한계를 논할 때는 아니다. 좀 더 나아가보자. 구조와 의미에 관한 이 짧은 논의로부터 미루어 짐작할 수 있는 소쉬르의 구조적 언어학의 원칙들을 하나씩 이끌어내 보자.

1. 개인적인 언어 사용에 해당하는 파롤(parole)과 달리 소쉬르가 진정으로 언어학의 연구 대상이자 언어의 구조로 여긴 랑그(langue)는 어떤 절대적인 요소나 항(項)으로 구성된 것이 아니라, 그 요소나 항들 사이에 존재하는 차이와 대립들의 체계라고 봐야 한다. 음소나 어휘소들 간의 간격과 차이만이 랑그가 지닌 실재성이다.

2. 랑그를 이루는 각종 요소(음소나 어휘소)들의 체계의 운동 규칙(법칙)은 발화 주체(말하는 사람)의 의도에서 유래하거나 그가 부여할 수 있는 것이 아니라, 오히려 개인적인 언어 사용인 파롤의 활동을 가능하게 하는 무의식적인 조건과도 같은 것이다. 리쾨르는 이를 칸트의 용어를 빌려 "범주적 무의식"이라고 표현한다. 흥미로운 점은 이런 개념 제안에 대해 레비스트로스가 직접 동의를 표시했다는 것이다.

3. 소쉬르에 의해 언어 그 자체와 동일시되고 있는 언어적

기호는 시니피앙과 시니피에 간의 차이로 형성되고 구성되기 때문에 이런 차이는 철저하게 언어적 기호의 내재적인 차이이다. 따라서 그 기호의 의미나 본질은 사물과의 그 어떤 (외재적) 관계를 맺지도 않고 요구하지도 않게 된다.

우리는 이미 앞에서 구조 언어학의 이런 원칙들에 대한 압축적이며 정곡을 찌르는 다음과 같은 선언을 언급한 바 있다.

"랑그는 절대적 힘을 가진 항이 없는 체계, 주체를 배제하는 체계, 사물들과 관련이 없는 체계이다."

소쉬르의 구조적 언어학에 대한 이런 명민하고 적확한 분석에서 출발하여 앞으로 우리는 리쾨르와 더불어 이 구조적 언어학과 방법론의 일반적인 확장으로 이해할 수 있는 구조주의 전반에 대한 그 부정성과 한계를 언급하게 될 것이다. 그렇다고 그것이 우리의 철학자 리쾨르가 속해 있는 프랑스 철학계 전반에 전통으로 내려오는 인식론적 특징[4]을 소홀히 하는 것은 아니다. 오히려 리쾨르는 인식론의 필연적인 강화와 훈련을 통해 존재론으로 나아가려는 절차임을 잊어서는 안 된다고 여러 차례 지적하고 있다. 또한 리쾨르는 구조주의의 발견인 '구조적 객관성'—랑그, 신화소, 중층적 사회구조, 무의식의 구조적 메커니즘—이 구체적인 철학적 반성과 사유를 위해 필연적인 계기로 파악되어야 한다는 입장을 견지하고 있다.

과연 구조적 언어학의 어떤 측면들이 구체적인 반성과 해석학에 그토록 중요한 단계와 절차가 될 만큼 보약이 되었단 말인가? 한마디로 말하면 언어에 대한 탈(脫)주관적인 관점을 확보하게 되었다는 것이다. 그동안 많은 사람은 언어라는 실재를 우리의 마음이 의도나 의지를 가지고 부여하는 정신적 속성을 지닌 것으로 파악했다. 그러나 구조 언어학은 이런 환상에서 우리를 깨어나게 했으며, 언어적 기호의 요소와 구조들이 지닌 보이지 않는 차이의 법칙이 언어활동을 가능케 한다는 것을 경험적으로 보여주었다.

이와 유사한 방법론적인 착상과 구도로 원주민들의 신화들을 분석했던 이가 레비스트로스[5]이다. '타자들에 대한 열정'과 관심으로 원주민들과 젊은 시절을 함께 했던 레비스트로스는 신화에 그 어떤 철학적 의미 부여나 해석을 시도하는 작업과는 무관하게, 신화가 지닌 고유한 내재적인 속성과 논리들을 추출하려고 노력해왔다. 소쉬르의 구조 언어학이 역사 언어학에서 벗어나 진정한 학문적 수준과 논리를 가지게 된 것과 같이, 신화 연구는 레비스트로스에게 와서 신화학(神話學) 또는 신화 논리학의 수준에 이른다. 그에게는 신화가 특정한 순간—특히 각종의 다양한 제의, 예컨대 통과 의례·장

례식·성인식·성혼식·족장 추대 등의 기간—에 이야기되어
지고 선포된다는 사실에 대한 의미 부여와 이해보다는, 그 신
화의 내재적인 통일성을 구축해내는 공시적 구조 즉 신화소
의 발견이 더 우선권을 갖는다.

구조 언어학에서 음소·형태소·의미소의 추출이 그 연구
의 중핵(中核)을 이루듯, 신화소야말로 레비스트로스 신화학
의 대응물이다. 한마디로 말해 가장 짧은 문장들로 구성된 이
런 몇몇 신화소의 연쇄와 관계로 인해 신화는 구성되고 작동
된다는 것이다. 음소의 대립과 결합으로 언어 현상이 가능해
지듯, 이런 몇몇 신화소 사이의 결합과 대립으로 신화는 구성
되며, 원주민들의 친족 구조, 사회 구조, 동식물 및 사물의 분
류들까지도 이런 방식으로 이루어진다.

칸트가 인식의 가능 조건을 선험적 범주를 통해 규명하듯,
레비스트로스는 원주민들의 신화소 분석을 통해 그들의 논
리와 사유를 지배하는 선험적 요소와 관계 및 구조들을 규명
하려고 노력했다고도 볼 수 있다. 이는 분명 "신화에 대한 언
어기호학적 환원"이라고 불러야 될 정도이다. 레비스트로스
는 타자에 대한 식지 않는 열정과 1950년대와 1960년대의 그
뜨거운 참여의 시대에 아주 차갑고 냉철한 분석력으로 서양
으로 하여금 원주민들에게도 그들의 고유한 논리와 사유 그
리고 세계관이 있다는 사실을 발견하게 했다. 하지만 아무리

자연과학에 가까운 이런 설명이 설득력이 있고 견고하고 때로는 매혹적이더라도, 신화에 대한 보다 온전한 이해와 신화의 모든 쓰임새를 이런 설명으로 이루어냈다고 자신할 수 있을까?

레비스트로스는 1963년 자신의 주저 『야생의 사고』의 출간에 즈음하여 리쾨르 주도로 열린 『에스프리』지 토론회에서 "신화의 의미란 그 신화를 사는 사람들의 자기 이해의 일부가 되어야 하는 것이 아니냐?"는 리쾨르의 질문에 다음과 같이 답한다.

"의미의 문제를 몸소 제기하는 철학자가 그런 반론을 하는 것은 저에게 너무나 정당해 보이는군요. 하지만 저는 그렇게까지 의미의 문제를 제기할 필요는 없다고 봅니다. 제게 의미란 무엇이냐고요? 어떤 특정한 맛이지요. 그런데 따로따로 떨어져 있을 때는 절대로 그에 상응하는 맛을 낼 수 없는 요소들의 결합을 음미하게 될 때, 바로 의식(意識)이 느끼는 어떤 특정한 맛이지요."[6]

이런 점에서 레비스트로스는 신화의 의미를 신화의 랑그또는 그 구조가 빚어내는 효과나 결과로 파악하고 있음이 틀림없다. 또 그는 신화가 구체적인 개인의 발화(發話)가 아니라 한 사회의 담화(談話)라는 점을 강조하는데, 그것은 신화의 최초 발화자와 수신자를 찾기도 어렵고 또 대부분의 경우 그것은 불가능하다는 이유에서이다.

그러나 신화에 대한 이런 태도는 신화의 문법만 밝히는 것이지 정작 문법을 거쳐서 신화가 말하는 바에 대해 관심을 두지 않으려는, 지나치게 인식론적인 금욕적 태도이다. 신화가 사회의 이야기이지만 그것이 누가 누구에게 (모종의 메시지를 전달하려고) 말하는 이야기라는 점을 잊어서는 안 된다. 결국 신화가 무엇에 대해, 누군가에게, 무엇을 말하려는 부단한 노력이자 표현이라는 사실을 간과해서는 안 된다는 것이다.

신화적 담론의 형태에 대한 기호학적 분석이 신화가 말하려는 그 어떤 현실 또는 실재의 모습과 진상을 은폐할 수는 없는 일이다. 오히려 신화의 논리가 신화의 의미를 밝혀주는 데 도움이 되는 방향으로 그 최종 목적을 정위(定位)해야 할 것이다. 바로 이 점이 리쾨르의 상징해석학으로 하여금 다양한 인식론적 단계와 계기들―구조적 문화인류학과 프로이트 정신분석학―을 만나게 하는 동시에, 이를 비판적으로 수용하거나 극복하게 하는 철학적 동기를 형성하게 한다. 그래서 형식과 요소의 망(網) 및 관계를 가로질러 우리가 발견해야 할 것들은 다음의 의미가 아닐까? 세계의 창조, 인간의 출현, 악의 발생과 그 종말, 동물 및 자연 일반과의 연계성, 이 세상에 존재하는 온갖 불평등과 금기, 규율의 출현, 인간의 죽음 및 질병의 기원과 초자연적 존재자들(조상, 신, 유일신) 사이의 관계…….

　사실 우리는 "절대적 힘을 가진 항이 없는 체계, 주체를 배제하는 체계, 사물들과 관련이 없는 체계"라는 구조 언어학의 정식을 모든 면에서 다루지는 않았다. 특히 주체와 사물에 관해서는 앞으로 좀 더 비판적으로 상세히 논할 기회를 가질 것이다. 레비스트로스의 신화 분석의 많은 다른 측면, 특히 리쾨르의 대응을 모두 다룰 수는 없었다. 예를 들어 레비스트로스의 신화 분석에 등장하는 신화들이란 많은 경우 원주민들의 신화로서 시간적 체험 분석보다는 공시태적인 논리 분석에 더 어울리는, 보다 제한된 신화들이라는 것이다. 역사적·시간적 체험에 더 우선권이 주어진 성서의 아담 신화 및 고대 유대인의 이야기의 경우 구조적 논리 분석의 적용이 그만큼 타당하겠느냐는 것이다.

무의식의 발견은 철학과 자아에게 상처만 남겼나

　독자들이 『해석의 갈등』의 책장을 다시 펼치면 2장은 "해석학과 정신분석학", 3장은 "해석학과 현상학"이라는 제목으로 되어 있고, 이 두 개의 장에 논문 7편이 실려 있는 것을 보게 될 것이다. 필자의 판단으로는 우리가 그 세부적인 사항들에 매몰되지 않는다면, 『해석의 갈등』 2장과 3장에서 보이는 근본적인 문제의식과 문제 제기는 서로 그렇게 이질적이지 않아 보인다. 그래서 필자는 이 두 개의 장을 묶어서 지금부터 "무의식과 주체"라는 항목으로 재론할 것이다. 오히려 구조주의를 능가하는 도도한 학적 맥락을 다양하게 형성했고 지금도 형성하고 있는 프로이트 정신분석학과 현상학을 몇 페이지의 해설에 담는다는 것은 하나의 지적 폭력이 될 것이다. 이 위대한 담론들의 텍스트에 폭력을 가하지 않으면서 텍스트의 내부를 그려줄 수 있는 투시도의 역할을 하는 것은 무엇일까? 필자는 이것이 주체의 문제일 것이라고 본다. 이미 앞에서 필자는 프로이트 정신분석학이 데카르트 이후의 서양 근대 철학에 던지는 근본적인 도전을 '의식으로서의 인간 주체'에 대한 도전으로 규정하고, 인간 주체에 대한 물음의 틀을 다시금 논하고 있는 저작이 바로 『해석의 갈등』이라고 말한 바 있다. 이 해설에서 가장 비중 있게 다루어야 할 부분도 바로 이 부분이다. 프로이트에 의한 무의식의 발견이 철학과 인간의 자기 이해에 가져온 의미와 결과를 성찰하는 것이 이 해설의 중심이 될 것이다. 무의식의 발견이 가진 철학적 자리 매김 이전에 이 발견이 수용되고 이해되어야 할 철학적 문제의 지평과 틀이 바로 주체의 문제 또는 주체 물음이기에, 이를 먼저 알고 가야 하는 것이다.

그렇다면 주체의 문제란 무엇인가? 주체의 문제를 정의하는 데 다양한 방식이 있겠지만 필자는 다음과 같이 정의하고자 한다.

주체의 문제란 인식 활동, 의지 및 지각 활동, 가치 평가 활동 등에서 이를 주도하고 만들어가는 자로서의 인간 주체의 자기 이해의 추구와 가능 조건의 탐구에 관련된 문제이다.

특히 서양의 근대는 이 다양한 활동 중에 존재자 및 대상의 세계에 대한 인식 활동을 중심으로 이것의 근거와 토대를 인간 주체 내부의 조건에서 찾으려고 노력했다. 그런 점에서 주체(sujet, subject)라는 개념의 라틴어 어원은 subjectum이지만, 이 라틴어의 그리스어 어원 hypokeimenon은 아직 데카르트가 말하는 인간이나 '나'(je, ego, 자아)가 아니다. 그리스어 어원 hypokeimenon은 아리스토텔레스와 더불어 "술어들의 주어" "개별자로서의 어떤 것(tode ti)" 혹은 "개별화의 원리로서의 질료" 등을 의미할 뿐이다. 라틴어 subjectum은 최종 원인으로서 신과는 달리 우연적인 것(우유성)을 담지한 모든 피조물을 가리키는 것이다.

푸코가 『말과 사물』에서 언급한 "인간학적인 잠꼬대"는 데카르트와 더불어 시작되었다. 인간 주체가 자기 자신에 대한 직접적인 반성, 흔히 내관(內觀)하는 활동이 중요한 자리를 차지하게 된 것이 근대 철학에서이고, 이 근대의 반성철학이 데카르트에 와서 자리 잡게 된 것은 이제 철학사의 상식에 속하는 이야기가 되어버렸다.

어쨌든 근대의 반성철학의 핵심은 자신의 존립을 위해 다른 것에 의존할 필요가 없으면서 다른 것의 인식의 근거가 되는 자기정립(自己定立)적 주체의 등장이다. 결국 데카르트와 더불어 '근거(subjectum)로서의 주체=나(sujectum)로서의 주체'라는 모종의 일치와 동일시가 성립된다. 이 점에서 후대의 칸트적 코기토와 후설적 코기토는 데카르트의 코기토에 의존하고 있다. 비록 깊이는 아니더라도 우리는 이런 서양 근대 철학의 중요한 내용을 이루는 인간 주체의 성격과 그 문제점을 살펴볼 것이다. 서양 근대 철학이 보여준 인간의 자기 이해와 자기 인식의 전기(轉機)를 프로이트가 무의식의 발견을 통해 보여준다는 사실을 더욱 분명히 자각하기 위해서는 오히려 프로이트 이전의 인간 주체의 역사를 고려해야 할 것이다.

『성찰』에서 데카르트는 모든 것을 의심하는 인식론적 작업을 꿈과 전능한 악마의 가설을 통해 수행해나간다. 이런 과정에서 그는 '생각' 이야말로 그 자신에게서 분리할 수 없는 것이며, 자기 자신에게 속한 것이라는 사실을 발견하게 된다. 적어도 내가 생각하는 동안에는 '나는 있으며, 나는 현존한다.' 는 사실은 확실하다는 것이다. 그래서 "나는 생각한다. 고로 나는 존재한다." 는 명제는 "나는 의식하는 한에서 존재한다." 는 의미가 된다. (인간) 사유가 (인간) 존재를 압도하는 순간이 아닌가? 계속해서 그는 나는 무엇인가라고 물으면서 나는 "하나의 생각하는 것이며, 즉 하나의 정신이며, 하나의 오성 내지 이성일 따름이다." 라고 대답한다. 여기서 우리는 넓은 의미로 이해된 '생각' 즉 의식을 원리로 삼는 근세의 관넘론적 전통의 확립을 목격하게 된다. 이제 나에게 존재한다는 것은 생각한다는 것이며, '생각하는 나'의 정립이 제1진리로서 등장하게 된다.

결국 데카르트에게 주체의 문제는 코기토의 문제이고 의식의 문제이다. 만약 우리가 데카르트를 따라 사물에 대한 의심을 의식의 명증성을 통해 극복한다면, 의식 자체가 의식이 아닌 다른 것(예를 들어 무의식의 힘)에 의해 자기기만이나 환상을 갖게 되어, 스스로 믿는 바와는 다른 자신의 모습을 갖고 있다면 이는 어떻게 극복될 수 있는가? 데카르트적으로 말해 악마가 나를 속인다 할지라도 생각하는 내가 존재한다는 것은 필연적이다. 하지만 확실히 그리고 필연적으로 존재하는 나란 무엇인가? 나는 내가 그렇다고 믿는 그대로의 존재인가? 물론 데카르트에게서 생각하는 나와 존재하는 나 사이에는 조금의 거리나 틈도 존재하지 않아 보인다. 과연 그 사이에는 조금의 분열도 존재하지 않는 것인가? 다시 말해 데카르트에 따르면 사유가 곧 존재이다. 물론 그 반대 명제— 존재는 사유이다—는 그에게서 성립되지 않는다. 그럼에도 불구하고 데카르트가 발견한 의식이 가진 직접적인 확실성의 진리는 있다. 그러나 이 코기토의 진리는 확실한 만큼이나 추상적이고 공허한 것이다. 왜냐하면 이 확실성이 반드시 자기 자신에 대한 진정한 인식을 의미하는 것이 아닐 수 있기 때문이다.

　데카르트는 "나는 생각한다"에서의 '생각'의 의미를 의욕하고, 상상하고, 이해하고, 느끼는 등과 같은 의식의 경험적 양상으로 제시함으로써 의식을 우리의 표상 활동 일반으로 이해했다. 그러나 칸트는 이런 경험적인 표상적 의식의 내용을 문제 삼는 것이 아니라, 인식 이론적 측면에서 그런 다양한 표상 활동의 보편적 구조와 가능 근거를 탐색해나간다. 칸트에 따르면, 경험적인 표상적 의식은 그 내용상 천차만별이지만 이런 표상적 의식의 형식상의 원리는 언제나, 누구에게나 동일하다. 표상 의식의 형식적 원리란, 공간 및 시간의 형식을 지닌 감성의 순수 직관과 이 직관 활동의 소산물을 사고하는 능력인 오성(지성)의 12개념(범주)이다.

　그러나 주체의 문제와 관련하여 우리의 관심은 칸트적 의미의 의식이 데카르트의 그것과는 달리 감성과 오성으로 분화되지만, 이 감성과 오성의 능력이 경험적으로 도출되거나 기능하는 것이 아니라 선험적으로뿐만 아니라 경험을 가능하게 한다는 의미에서의 초월적으로도 기능한다는 데 있다. 이는 칸트적인 의미에서의 의식이 경험적·심리적 의식이 아니라, 이런 의식을 규정하는 초월적인 자기의식임을 의미한다. 따라서 칸트가 "내가 생각한다고 함은 나의 모든 표상에 수반될 수 있어야 한다."라고 말할 때, 여기서의 '내'가 바로 모든 경험적 의식에서 하나의 동일한 것으로 남아 다른 모든 표상에 수반될 수밖에 없는 초월적 자기의식이다. 따라서 자기의식은 내가 경험적으로 다양한 모습으로 나타남에도 불구하고 그런 다양한 모습의 나를 하나의 동일한 나로 통합하여 의식할 수 있게 하는 것으로, 이미 경험적 의식의 근거에서 통일성으로 작용하고 있는 자기 동일성의 의식이다.

그러나 이런 칸트의 자기의식이 곧장 자기 인식으로 연결되는 것은 아니다. 왜냐하면 내가 나를 직관할 때 내가 파악하게 되는 것은 자아 자체의 존재가 아니라 시간 형식에 의해 제약된 현상일 뿐이기 때문이다. 따라서 칸트에 따르면, 나는 내가 존재하는 그대로의 나 자신에 관한 인식을 가지지 않고, 오직 내가 나 자신에 현상하는 그대로의 나 자신에 관한 인식을 가질 뿐이다. 결국 칸트는 주체의 문제를 초월적 의식의 문제로 제기했으며, 이런 의식은 개별적·경험적 의식을 가능하게 하는 형식적 원리나 근거이지 하나의 "실체적인 정신"에 관한 인식을 제공해주는 것은 아니다. 나 자신의 자아의 형식적인 성립 조건이 칸트의 문제이긴 하지만, 나 자신의 진정한 자기 이해와 앎의 문제는 그대로 남는다.

데카르트가 학문과 진리의 굳건한 토대를 의식의 명증에서 찾고, 칸트가 모든 참된 인식의 가능 근거와 형식적 원리를 초월적 의식이나 "의식 일반"으로 간주했다면, 후설은 당대의 학문적 유행이었던 자연주의, 즉 일체의 것을 수학화하거나 자연화시켜 인과의 법칙에 의해 설명하고자 한 흐름과 의식 대상까지도 주관화하던 심리주의적 흐름을 배격하고, 철학이 우선 그 자신의 참된 절대적 출발점을 확보하면서, 모든 존재와 인식이 그 위에 구축될 수 있는 최후의 근원을 찾아야 한다고 생각했다. 후설 역시 데카르트나 칸트처럼 주체의 문제를 의식의 문제로 제기하지만, 데카르트에게서 드러나지 않았던 의식의 지향성을 밝혀냈을 뿐 아니라, 칸트에서의 초월적 의식의 대상 인식에 관한 초월적 기능이나 형식적 원리를 훨씬 뛰어넘어 의식에 관여하는 모든 것이 의식에 의해 규정됨을 보여준다. 그러나 후설에게도 "나는 생각한다"가 필증적(必證的)이긴 하지만 반드시 충전적(充全的)이지만은 않다. 다시 말해 생각하는 내가 존재함은 필연적이지만, 내가 나 자신을 의식(파악)하는 그대로 존재하느냐는 아직 의문으로 남아 있다는 것이다. 여전히 사유와 존재 사이의 불일치의 문제가 남게 된다는 것이다.

데카르트, 칸트, 후설에 이르는 의식철학자들에게 의식이란—이에 관한 내용상의 규정이나 발견의 방법이 서로 상이함에도 불구하고—존재 및 인식에 관한 모든 의미의 산출 근거이자 원리이고 토대였다. 다시 말해 그들에게 주체의 문제는 의식의 문제였고, 주체는 바로 의식이었다. 그런 의식철학자들에게 "Cogito, ergo sum"(나는 생각한다. 고로 나는 존재한다)은 인간에 관한 모든 의미 있는 명제와 주장의 토대였다. 그런 코기토의 진리는 그 어떤 회의나 기만, 환상에도 견디어 내는 난공불락의 진리였다. 그래서 전능한 악마가 세계에 관한 나의 모든 존재 확신을 속인다 할지라도 생각하는 내가 존재함은 필증적(필연적)이다. 그러나 이 필증성의 계기가 "내가 의식(파악)하는 대로 내가 존재한다."는 충전성의 계기와 혼동되어서는 안 된다. 생각하는 나는 존재한다. 하지만 '나'란 무엇인가? '나'란 내가 그렇다고 믿는 그대로의 존재인가? 프로이트의 무의식이 개입되는 철학적 문제의 지평은 바로 그런 곳이다.

의식의 직접적인 확실성이 진정한 자기 인식을 의미하는 것은 아니며, 의식에 대한 총체적인 앎을 제공하는 것 또한 아니다. 이 사실은 의식의 불충전성을 말하는 것이며, 따라서 우리는 의식이 무엇인지를 더 이상 이해하지 못한다고 말해야만 한다. 따라서 의식이란 이제 확실한 토대가 아니라 오히려 문제의 대상이 되는 것이다. 결과적으로 이는 의식으로서 제기된 주체 철학의 위기를 의미하는 것이다. 만약 주체로서의 의식이 우리가 믿는 그대로의 것이 아니라면, 이 의식의 직접적인 확실성을 과신해서는 안 되며, 의식만이 나의 존재 전부를 규정하는 원리나 토대라는 기만적인 믿음을 포기해야만 하는 것이다.

앞서 언급했듯이 데카르트는 『철학의 원리』에서 "우리 안에서 일어나는 모든 것을 생각이라는 말을 통해 이해하며, 우리는 그 모든 것을 우리 자신에 의해 직접적으로 의식(파악)할 수 있다."고 말하고 있다. 여기서 "우리 안에서 일어나는 모든 것"의 의미는 우리의 정신 활동 전반을 의미하는 것으로 이해할 수 있는데, 과연 이런 자기의식적인 '생각'이라는 말로 우리의 모든 정신 활동을 포괄할 수 있는가? 더구나 우리 자신에 의해 직접적으로 의식(파악)할 수 있다는 것은 의식적인 사유 활동에 대해서만 가능한 경우가 아닌가? 만약 우리 스스로 깨닫지 못하고 의식하지 못하는 감추어진 정신 활동의 또 다른 면 즉 무의식적인 측면이 있다면, 우리는 그것을 데카르트적인 의식의 직접적인 확실성을 통해 알아낼 수 있을까? 대답은 부정적이다. 우리는 여기서 의식의 직접적인 확실성과 의식에 대한 참된 앎 사이에서 분열과 틈이 발생할 수 있는 철학적 계기를 인정해야만 한다. 그것이 바로 무의식 영역의 존재 가능성을 고려해볼 수 있는 것이다. 의식 영역의 존재 가능성만 자신할 것이 아니라 그 반대편의 가능성도 심각히 고려해야 철학적으로 솔직한 입장이라고 본다.

만약 우리의 정신 활동 전반을 의식으로만 규정하게 된다면, 우리는 우리의 의식이 직접적으로 알지 못하는 많은 무의식적 활동을 배제하는 것이 되며, 그 결과 의식적으로 생각하는 나의 모습과 실제로 존재하는 나의 모습 사이에 균열이 생기게 된다. 역으로 말하면 의식의 기만이나 허위가 드러난다면 그것은 무의식적 동기의 개입에 의한 것으로 이해할 수 있는 것이다. 이런 의미에서 프로이트는 우리가 생각하고 있는 것은 반드시 우리가 존재하는 모습과 일치하지 않는다는 사실, 즉 사유와 존재의 불일치를 무의식과 무의식적 욕망과 충동 등을 통해 체계적으로 주장한 최초의 사람이다.

주체 문제의 역사를 간략히 다루면서 의식철학 내에서 드러날 수 있는 문제점을 그 역사 내에서 살펴봄으로써 무의식의 도입을 위한 준비 작업이 어느 정도 되었다고 본다. 결론적으로 의식을 주체로서 정립한 주체의 철학은 의식의 직접적인 진리가 가지는 확실성만큼이나 공허하고 추상적이다.

이런 의식의 불충전성과 주체 철학의 추상성을 지양하려면, 의식으로서의 주체는 그 주체가 세계 속에서 자신의 존재하려는 열망과, 실존으로서 살아가려는 노력을 증명해주는 구체적인 활동과 그 결과물들 속에서 자신의 진전한 모습을 찾아야만 이것이 바로 추상적 반성이 아닌 구체적인 반성이며, 리쾨르가 오랜 해석학적 작업을 통해 실증하려고 했던 바이다. 그 실존적 결과물이란 바로 인간이 자신의 희망과 좌절, 기대와 불안, 욕망과 억압을 투사하고 부여하는 기호들—

프로이트적으로 말하면 꿈, 신경증적인 증후, 환영, 실수 등—이다. 바로 이 기호들을 해석하는 것이야말로 프로이트 이후에 주체 철학의 위기를 몸소 떠안은 새로운 철학과 해석학의 과제가 아니겠는가? 프로이트와 해석학의 학적 접근성은 외부에서 인위적으로 마련될 수 있는 것이 아니라, 이렇게 주체 철학 내부에서 마련될 수도 있고 프로이트의 작업 자체의 해석학적 성격에서 기인한다고도 볼 수 있다. 이런 점에서 프로이트는 의식에 대한 의심을 임상적으로 실증해 보인 의심의 해석학자이다.

이 기호들을 무의식과의 매개하에서 해독함으로써 사유자로서의 인간의 진리 인식적인 특성 외에 욕망과 충동으로 활동하는 인간의 또 다른 소외된 모습을 드러내주는 작업이 바로 프로이트 정신분석학이다. 주체로서의 의식은 이제 더 이상 모든 존재와 의미의 척도나 원리 또는 판단의 근거는 아니다. 그렇다고 해서 의식이 아무것도 아닌 것은 아니다. 의식의 문제는 프로이트 이후 그 어떤 문제보다도 어렵고 불투명해져 버렸다. 이제부터 의식은 자신이 아닌 다른 것인 무의식을 수용함으로써 자기 이해와 자기 확장을 준비해야 할 그 무엇이다. 그렇다면 프로이트가 무의식을 어떻게 그리고 어떤 근거에서 확립해나가는지, 의식과 무의식 사이의 관계 설정이 어떠해야만 하는지를 탐색해보자.

프로이트는 병리학적 임상 관찰을 통해 환사들이 자신의 의지와 의식에 의해 효과적으로 통제하고 조절하지 못하는 행동들, 기억들, 표상들이 존재함을 목격하게 된다. 이런 관찰은 프로이트로 하여금 정신 활동을 주도하는 체계나 기관이 단 하나가 아니라 여러 개이고, 또한 그 다수의 체계의 성질과 기능 및 작용 방식이 서로 상이하다는 확신을 심어주게 한다. 그래서 프로이트는 우리의 심리 현상이 그저 불투명하고 혼돈스러운 것이 아니라, 하나의 숨겨진 질서를 가지고 있다고 생각하게 된다. 숨겨져 있다는 그 사실 자체가 의식의 자각에서 벗어났다는 것을 뜻한다.

하지만 숨겨진 것이 단지 하나의 일시적이거나 부주의한 상태에 불과한지, 아니면 의식의 활동 법칙들—예를 들어 동일률에 기반을 둔 사고, 시간적 선후를 고려한 사고 등등—과 마찬가지로 그만큼의 질서적인 특징을 가질 수 있는지가 중요한 문제이다. 실제로 프로이트가 무의식을 하나의 심적 체계로 확립하기 전에는 무의식은 의식과의 관련하에서 그 무의식적인 속성이 나타날 수도 있고 사라질 수도 있는 의식의 잠재적 상태로서만 이해되었다. 그러나 이런 상태는 프로이트적인 의미의 전(前)의식에 해당하는 것이다.

프로이트는 무의식이 지니는 역동적인 속성들을 고려함으로써 의식 및 전의식에 대등한 하나의 체계로서의 무의식을 확립한다. 의식만큼이나 그 체계성이 확립되고, 그만큼 아니 그 이상의 영역성을 확보하고 있는 것으로 믿도록 하는 것은 도대체 뭘까? 내가 좀 더 주의하고 의식적인 노력으로 극복할 수 있는 부주의 상태 또는 의지 부족의 상태를 프로이트가 너무 확대하고 과장한 것이 아닐까? 충분히 가능한 생각이다. 그런 의식과 의지에 대한 보다 많은 신뢰와 기대 때문에 체계로서의 무의식을 인정하기를 거부하거나 주저했던 철학자들이 바로 사르트르와 메를로-퐁티 같은 이들이다. 이런 주저하는 철학자들과는 달리, 프로이트는 무의식이 지니는 역동적인 속성들을 고려함으로써 의식 및 전의식에 대등한 하나의 체계로서의 무의식이 확립될 수 있다고 본다.

프로이트가 말하는 그 힘의 속성들을 대체로 다음의 3가지 정도로 요약해서 말해보자.

먼저, 최면 후에 다시 나타나는 최면 중의 암시적인 사실들이 있다. 최면에서 깨어난 환자가 최면 중에 받았던 여러 가지 명령과 암시들을 수행하는 것을 관찰하게 된 프로이트는 인간의 의식 저편에 은폐되어 있는 강력한 정신적 과정이 있음을 목격하게 된다. 물론 환자 자신은 명령에 복종하고 있고 암시에 맞게 행동하는지 스스로 의식하지 못한 채 그렇게 행동하는 것이다. 아니라면 그것은 어디까지나 의식적인 행위일 것이다.

다음으로, 신경증적 증후들로 현상하는 엄청난 힘과 그 증언들이 있다. 프로이트는 임상적 경험 중에 환자들이 종종 "그것은 나보다 훨씬 강해요."라고 말하는 것을 보게 된다. 이 사실은 환자의 의식이 억압할 수 없거나 온전히 수용할 수 없는 강력한 "무의식적 사유"나 표상들이 존재함을 추정하게 한다. 의식 스스로 관리하지 못하거나 통제하지 못하는 무의식적인 사유와 표상들은 표면에 나타난 부분은 작지만 거대한 부분이 숨겨져 있어 오히려 나머지 부분에 힘을 행사하는 빙산과도 같은 것이다. 이런 사실들은 데카르트가 사물에 대해 현상(現象)과 실재(實在)를 구분하면서 확실한 의식을 정립한 것처럼, 프로이트로 하여금 정신세계 자체에서도 현상과 실재가 구분될 수 있는 가능성을 열어주어 무의식의 체계성을 확립하게 하는 것이 아닐까?

현상은 의식이 지배하는 자기 자각적 영역이지만 그 실재는 무의식이라는 힘의 덩어리이므로 그것이 오히려 의식에게 다양한 지배력과 영향력을 행사한다는 것이다. 그 무의식적인 힘들은 적극적으로 우리의 존재와 행동 그리고 언어 습관에 압력과 영향력을 행사하게 되는데, 만약 그 힘들이 의식으로부터 멀어지면 멀어질수록 그것들이 의식화될 기회는 줄어들게 되고, 반대로 의식에 근접하면 할수록 의식의 영역은 확장되고 포괄적이게 된다. 그래서 무의식에 대한 의식으로부터의 억압이 강할수록 또 의식화에로의 저항이 강할수록 의식의 장은 협소하게 되며, 의식화는 항상 이루어지는 것이 아니라 일어날 수도 있고 그렇지 않을 수도 있는 가능성이 되는 것이다. 이런 의미에서 의식은 처음부터 당연히 존재하는 그 무엇이 아니라 무의식에서 생겨나는 것이다. 그래서 우리가 무의식의 존재 방식을 의식으로부터 배제되고 억압되었지만 사라지지 않은 존재 방식이라고 인정한다면, 무의식은 의식과 대등하게 또는 의식을 능가하는 우리의 정신 현상을 주도하는 하나의 체계이다.

이런 관점에서 보면 의식이란 이제 더 이상 제1의 확실성이나 직접적으로 주어진 소여(所與)가 아니라 하나의 누락되고 삭제된 텍스트 같은 것이며, 가장 적게 알려진 것이 된다. 프로이트를 읽은 우리에게 이제 의식은 무의식과의 관련하에 그 누락되고 삭제된 내용을 의식화해야 하는 하나의 과제이자 임무를 맡은 것이다. 의식이 하나의 소여가 아니라 과제가 된다는 것은 무의식에 대한 독후적(讀後的) 작업에 따라 상대적으로 존재하는 것이지, 그 자체로 자신의 존립이나 내용을 결정할 수 있는 게 아니라는 것이다. 의식은 그 자체가 현상에 불과해서 베일에 감추어진 실재를 의식화해야 자신도 그 모습이 제대로 드러나는 존재가 된다는 것이다.

마지막으로, 무의식의 확립에 최종적인 근거를 제공하는

것은 꿈, 실언(失言), 증후(症候) 등이다. 그중에서 가장 분명하게 무의식의 존재를 입증하는 것은 꿈이다. 특히 여러 꿈의 작업들[7]—검열, 압축, 대치, 형상화, 상징화 등—에서 의식의 활동 법칙과는 분명히 구분되는 무의식의 활동 법칙을 대표하는 것이 있는데, 압축과 대치가 바로 그것이다. 의식은 무의식과는 달리 이런 압축과 대치의 방식으로 활동하지 않는다. 오직 무의식만이 꿈속에서 그런 활동 법칙에 따라 움직인다. 압축과 대치는 무의식이 억압되었지만 완전히 제거되었거나 사라지지 않은 것들, 즉 의식되지 않은 심리적 힘들의 집적체(集積體)의 존재 방식임을 보여주는 것이다. 그래서 이 꿈의 작업은 무의식에게 정신 영역들 중에서 분명한 하나의 체계로서 자리 매김 하게 하는 하나의 국재성(國在性)까지 제공하는 것이다.

다시 우리의 문제로 돌아와 보자. 무의식은 그동안의 철학과 그동안의 의식으로서의 주체에게 어떻게 받아들여져만 하는가? 오직 상처만인가, 아니면 전적인 타자인가? 의식과 무의식의 관계는 어떻게 설정되어야 하는가?

정신분석학의 이론이 정신분석학자에게는 하나의 자기 충족적인 이론 체계일 수 있겠지만, 코기토를 인간에 관한 모든 철학적 담론의 형이상학적 토대로 간주하고 의식을 주체로서 인식해온 철학자들에게는 하나의 커다란 동요와 긴장이 아닐 수 없다. 왜냐하면 정신분석학이 무의식의 존재와 그 영향력을 비교적 구체적인 경우들(예를 들어 신경증적 증상이나 환영 등)에서뿐만 아니라 보다 일반적 경우들(예를 들어 꿈이나 실언 등)에서까지 확인하게 함으로써 의식의 기만성이나 불완전성을 드러내주기 때문이다.

이제 프로이트의 작업을 다시 한번 정리해보자. 프로이트는 1900년 대작 『꿈의 해석』 출간에 즈음하여 인간의 정신적 지도가 '의식-전의식-무의식'이라는 세 가지 체계로 이루어졌다고 보고, 인간 정신을 세 가지 영역과 지형으로 구분해보고자 위상학(位相學)이라고 부르는 이론적 모델을 창안해낸다. 여러 가지 이유에서 1920년을 전후해서 위 모델을 '이드-자아-초자아' 모델(일명 2차 위상학)로 변화 발전시키지만, 우리의 정신 활동 전반을 이끌어나가는 그 영역과 기관을 프로이트가 위상학이라는 세 가지 체계로 규정하는 데는 변함이 없다.

이 세 가지 체계 중에 전의식은 데카르트의 '명석'의 개념에서처럼 보다 세심히 주의하는 정신에 현전(現前)하는 정신적 내용을 담고 있는 심적 체계이다. 다시 말해 한번 주의하고 집중하면 의식의 선을 넘어서 거의 의식화되는 정신적 지형을 일컫는다. 반대로 무의식은 의식으로부터 소외되고 배제된 정신적 활동 및 영역을 지닌 심적 체계이다. 우리는 무의식을 위와 같이 의식으로부터 제거된 정신적 내용의 담지자로 규정함으로써 의식만으로 모든 포괄적인 정신 활동을 온전히 설명할 수 없는, 하나의 빈약하고 부실한 심적 기관임을 알게 되었다.

데카르트의 자기 자각적 사유 활동이란 그가 그렇게 믿었던 만큼 자각적이지도 않고, 또한 정신의 모든 지형을 다 보여주는 것도 아니라는 점이 프로이트에 의해 체계적으로 밝혀지게 된다. 따라서 이제 프로이트적인 위상학 속에서 의식은 예전의 데카르트에게서처럼 모든 의심에 굴복하지 않는 명증의 최고점을 확보하는 임무를 맡거나 칸트에게서처럼 객관적 대상 인식의 형식적 근거를 차지하거나 후설에게서처럼 대상의 의미 부여의 원리나 토대의 역할을 수행하는 것이 아닌, 자신으로부터 배제된 정신적 활동 및 내용을 담보하고 있는 무의식을 어떻게 대면하고 수용해야 하는지를 고민해야 하는 과제를 떠안은 것이다. 그래서 이미 언급한 대로 우리는 의식의 문제 역시 무의식의 문제만큼이나 불투명하다고 해야 할 것이다. 의식의 이 새로운 과제야말로 바로 프로이트적인 주체의 문제인 것이다.

반면에 무의식이 가진 절대적인 비의지적인 성격과 비의식적인 특성이 인정된다 하더라도, 그것은 완전한 의미에서

의식과 절연된 타자는 아니다. 그 무의식의 해독(解讀)과 그것의 수용이 궁극적으로 일어나야 할 곳이 의식 속이라는 점은 무의식이 의식의 절대적인 타자가 아니라는 점을 말하는 것이다.

의식은 자신에게 은폐되고 있는 이 무의식의 힘과 욕망을 계속해서 회피하고 부정해야만 하는 것일까? 의식으로서의 주체는 자신이 능동적으로 알지 못하고 읽어내지 못하는 무의식을 과연 어떻게 대면해야 하는가? 아마도 무의식의 특성을 제대로 파악하지 않은 상태에서 무의식에 대한 독해는 불가능할 것이다. 무엇보다도 프로이트적인 의미의 무의식은 그 자체를 드러내 보이기보다는 자신의 표현들을 끊임없이 내보내는 그 무엇이다.

프로이트적 의미의 무의식적 욕망이나 충동은 근본적으로 세 가지 특성을 가지고 있다. 그 첫 번째는 표현성이고, 그 다음이 상호 주관성, 마지막으로 반드시 연대기적 속성은 아니지만 시간적인 성격이 무의식의 특성들이다.

첫 번째 특징인 표현성에 대해 살펴보자. 무의식적 욕망이나 충동은 순화되지 못한 직접적인 감정적(정동적) 표출(예를 들어 강박 반복)로 그 자신을 나타내 보이지만, 반면에 표현성은 본래 무의식적 욕망으로 하여금 그 자신을 항상 해석의 대상이 되는 산물들을 생산해내도록 하는 데 기인한다. 그 산물들이란 꿈, 실언, 신경증적 증후 등으로, 이런 것들은 해석학에서 말하는 텍스트와 같이 해석해야 할 의미를 담보하고 있는 것들이다. 특히 꿈의 이야기는 암호처럼 해독이 필요한 언어적 텍스트임이 틀림없다. 따라서 프로이트 정신분석학의 해석학적 지위는 바로 그런 점에서 성립되기 시작한다고 볼 수 있다.

두 번째 특징인 상호 주관성이란, 욕망(désir)이 한 유기체 내에서만 생성·소멸되는 것이 아니라 다른 유기체(예를 들어 어머니, 아버지)와의 관련을 항상 가지게 된다는 데 근거한다. 아마 그 점이 욕구(besion)와의 진정한 차이점일 것이다. 욕구는 특정 대상의 즉자적(卽自的) 만족만으로 해소되지만, 욕망은 특정 대상을 넘어서 타자 전제적(前提的) 성격을 가지게 되는 것이다. 타자 전제적이란, 타자의 과잉일 수도 있고 타자의 결여일 수도 있다. 여하튼 타자 없는 욕망의 작동이란 없다. 그래서 그 욕망은 타자와의 관련하에 충족되기도 하고 좌절되기도 하며, 그 좌절된 욕망은 동일시 또는 승화의 원천적 에너지로 변형되기도 하며, 오이디푸스 콤플렉스와 같은 것을 유발하기도 한다. 이런 욕망의 변형과 대리 충족의 형태와 표현들 속에서 의미를 읽어내는 것이 정신분석학이다. 따라서 만약 우리가 꿈의 언어나 신경증적 증후 등을 하나의 해독해야 할 텍스트로 인정한다면, 또 "텍스트의 해석과 관련된 이해 활동의 이론"이나 "작품에 새겨진 인간적인 각인 즉 그 작품의 의미를 해독하는 과정" 또는 "하나의 텍스트로 여겨질 수 있는 기호들의 총체에 대한 해석"을 해석학으로 간주한다면, 정신분석학은 분명 하나의 해석학임이 틀림없다.

이런 점은 해석학의 학문 내재적인 역사 안에서 충분히 유추할 수 있을 것이다. 이를테면 해석학의 역사적 맥락 안에서 슐라이에르마허(F.Schleiermacher)가 '이해'는 텍스트의 저자가 원래의 정신적 과정을 다시 체험[일명 추체험(追體驗)]하는 것이고, '해석학'의 목표는 저자가 자신을 이해하는 것보다 훨씬 더 저자를 이해하는 것이라고 말할 때, 만약 우리가 '저자'라는 말 대신 신경증 환자를 그 자리에 넣고 환자가 자신을 이해하는 것보다 더 낫게 이해하는 것이 정신분석가의 목표라고 한다면, 우리는 슐라이에르마허의 작업과 프로이트의 작업이 서로 가까이에 위치해 있다는 것을 알 수 있게 된다.

또한 딜타이(W.Dilthey)는 우리가 인간의 내면적 세계를 꿰뚫어볼 수 있는 것은 내적 성찰에 의해서가 아니라 삶이 그 자신을 대상화시킨 표현들을 이해함으로써 가능하다고 말한다. 그에 따르면 인간이 근본적으로 자신에게 이질적이지 않은 것은 인간이 자신만의 실존의 기호들을 제공하기 때문이다. 그리고 이 기호들을 이해하는 것이 인간을 이해하는 것이라고 딜타이가 말할 때나, 우리가 딜타이적인 의미의 체험(Erlebenis)이 주-객 분열 이전의 직접적 내지 무매개적 체험이며 전(前)반성적 의식의 영역이라고 말할 때, 딜타이는 욕망의 표출물들인 꿈이나 신경증적 증후를 통해 인간의 소외된 면을 드러내주는 프로이트와 멀리 떨어져 있지 않은 것이다.

따라서 해석학이 서로 다른 정신이나 세계 사이에 놓여 있는 시·공간적 거리를 메우면서 저자의 정신세계로 들어가서 그 세계의 낯설음을 낯익음으로 바꿔놓는 작업이라면, 욕망의 낯선 표현물들 속에서 낯익은 다의적 의미를 읽어내는 정신분석학 또한 하나의 해석학이다.

마지막으로, 우리는 여기서 하나의 해석학으로서 프로이트 정신분석학이 드러내주는 욕망은 그 특성이 시간적이라는 데 주목할 필요가 있다. '시간적'이란 말은 그 밝혀진 욕망들이 지금 당장이라는 현재적 성격이거나 연대기적이라기보다는 그 욕망이 꿈이나 실언, 신경증적 증후 등의 표현물들 속에 나타나기 훨씬 이전의 유아기적 경험과 사건들과 관련된다는 것이다. 그래서 프로이트는 여러 번 "무의식은 시간을 벗어나 있다."는 표현을 한다. 이때의 시간은 연대기적 시간을 말하겠지만, 오히려 연대기를 벗어남으로써 지금의 무의식적인 욕망 표출은 현재를 반영하는 것이 아니라 그 이전을 반영하는 것으로 볼 수 있는 것이다.

따라서 자신이 미처 자각하지 못하는 욕망과 유아기적 사건이 자신에게 끼치는 영향력을 세밀하게 제시해 보이는 프로이트 정신분석학 담론들의 철학적 위상을 인간 주체의 문제틀 안에서 "주체의 고고학" 내지 "주체에 대한 고고학적 탐구"라고 규정할 수 있다. 이런 고고학적 성격 규정은 다의적 의미를 지닌 언어적 표현들—상징에 대한 의미론적 작업에서 출발한 정신분석학의 해석학적 성격들—을 의미론적 차원에 머물러 있게 하는 것이 아니라, 인간의 자기 반성적 차원 및 인간에 대한 실존적 이해의 차원으로 이끌어간다. 왜냐하면 언어의 양의적(兩意的) 분석을 통한 한 인간의 원초적 상태와 경험에 대한 고고학적 이해는 해석자(정신분석가)와 타인(정신분석의 대상)의 과거와의 시·공간적 소원함과 격차를 좁히기 때문이며, 이런 타자에 대한 이해를 통해 해석자는 자기 스스로에 대한 자신의 고유한 이해를 증진시키고 성숙시키기 때문이다.

우리는 꿈의 양의적인 언어 분석을 통해, 꿈에서나 일상생활에서 보이는 과거로 퇴행할 수 있는 가능성을 통해, 무의식의 비(非)시간성을 통해 사유 이전의 욕망으로 활동하는 불투명하고 혼란스러운 인간의 모습을 밝혀내는 정신분석학의 해석학적이고 고고학적인 작업을 살펴볼 수 있다. 이런 사실을 통해 우리는 인간이 자기 충족적으로 사유하는 자아가 아니라, 이미 자기 의식을 갖기 이전에 자신의 욕망을 타자나 외부 현실과의 대면하에서 다양한 형태로 충족시켜나가는 육화된 존재임을 알게 된다. 결론적으로 우리는 욕망의 변형되고 대체된 형상들 속에서 원초적인 사건이나 경험, 그리고 불멸의 욕망을 읽어내는 프로이트의 작업을 '주체의 고고학'이라 부를 수 있는 것이다.

프로이트 안에 또 다른 프로이트

독자들은 『해석의 갈등』 2장 "해석학과 정신분석학"에서 예술과 정신분석학이라는 주제를 발견하게 된다. 이미 앞에서 다루었어야 할 해설을 필자가 임의로 뽑아내 독립된 해설을 시도한다고 이의를 제기하는 독자들도 있을 것이다. 독자들의 이의 제기도 이유가 있지만 필자도 독립된 해설이 필요한 이유가 있다고 본다. 실상 그동안 진행된 논의의 관점들이 보다 친(親)프로이트적이라면 여기서는 원(遠)프로이트적 관점을 취할 수 있는 기회를 갖고자 하기 때문이다. 우리의 철학자 리쾨르는 프로이트의 환원적 해석의 방향에 저항하는 여러 지점을 제기하는데, 그중 하나가 예술에 대한 프로이트의 작업이다. 프로이트의 해석이 예술에 대한 그것보다 종교에 대한 그것이 훨씬 더 환원적이기 때문에 리쾨르의 대응도 달라진다. 어쨌든 이런 모든 점을 상론하지는 않을 것이지만 예술에 대한 프로이트적 작업[8]에서 흔히 알려진 프로이트와는 다른 방향을 조금이라도 일구어보고자 하는 것이 지금의 해설 방향이자 목적이다. 이런 예비적 작업을 통해 다음 항목인 "해석들 간의 갈등"에 보다 잘 입문할 수 있을 것이다.

"내 속엔 내가 너무도 많아⋯⋯."라는 노랫말을 독자들은 한 번쯤은 들어보았을 것이다. 내 속에 내가 너무도 많다니, 도대체 무슨 말인가? 위대한 철학자일수록 수미일관되고 정연한 사유의 산물들을 내놓을 것 같지만 꼭 그런 것도 아니고, 위대함에 붙어 다니는 왜소함이 늘 있는 것을 보면 반드시 그럴 필요가 있냐는 의문이 들기도 한다. 오히려 천재의 반중이 전회(轉回)와 변화무쌍인 경우가 종종 더 있다. 경우에 따라 학적인 필연성에서 기인하기도 하고 아닌 경우도 있는데, 아리스토텔레스, 비트겐슈타인, 하이데거 등이 그런 변화를 겪은 사상가들이다. 프로이트는 자신의 이론적 관점, 즉 1·2차 위상학[9]을 견지하면서 많은 것을 체계화했지만, 그 이론적 입장으로서 모두 이론적 정당화나 나름의 이유를 달지 못한 사태와, 그 사태에 대한 관찰들을 가지고 있다. 프로이트의 예술에 대한 작업이 바로 그러하다.

예술 분석에 정신분석학적 기법을 적용하는 것은 우선 그 출발에서부터 어느 정도 제약된 성격을 가지게 된다. 환자의 치료를 목적으로 하는 것도 아니고 자유연상법을 통하거나 그 환자와의 대화를 통한 이원적(二元的) 관계를 성립시키는 것도 아니기에, 유비적인 해석의 수준을 가질 수밖에 없는 취약성을 말하는 것이다. 프로이트는 자신의 정신분석학에 대한 옹호와 예증의 차원에서 예술 작품에 대한 응용을 시도하지만, 미켈란젤로의 모세 조각상에 대한 해석에서나 레오나르도 다빈치의 유년 시절에 대한 적용에서는 거의 전기적인 자료와 선행 연구들에 대한 비판적인 점검에서 출발할 수밖에 없었다.

예컨대 『창조적인 작가와 몽상』에서는 꿈에 대한 분석과 인간의 고고학적 시기인 유아기 및 환자 분석에 집중하던 작업이 문학(예술) 작품과 성인인 작가(예술가)에게로 옮겨진다. 정신분석의 대상이 바뀌면 연속성과 불연속이 동시에 존재하기 마련이다. 연속성의 가장 큰 계기가 결코 자신의 욕망을 스스로 만족시킬 수 없는 유아 또는 성인(成人)이 그 불만족을 충족시키는 것이라면 욕망의 주체는 그 어떤 작업도 포기하지 않고 대체물들을 생산해낸다. 아이들은 주로 놀이에 빠져들고, 성인은 상상과 환상의 세계에 빠져든다. 인간 전체를 불만족시키는 현실에 대한 수정과 정정의 시도로서 놀이와 환상에 빠져듦은 여전히 유효하다.

그런데 욕망이 대체되고 직접적이지 않은 만족을 간구한다는 점에서 분명 환자나 예술가나 다르지 않지만, 예술을 통한 만족이 반드시 강박적이거나 신경증적이라고 말하기는 매우 어렵다. 불연속의 가장 큰 지점이 바로 그곳이다. 욕망의 위장된 충족이라는 점에서는 꿈과 예술, 신경적 환자와 예술가는 근접하지만, 탈시간적인 무의식적 표상이나 단순히 과거에 덜미가 잡힌 무의식적 환상만을 가지고 예술 작품의 탄생을 설명하기는 어렵다. 예술 작품을 단순히 환자들이 보여주는 "억압된 것의 반복"으로 볼 수는 없는 것이다. 단순한 과거적인 억압의 반복이 아니라 현재의 인상과 유아기적 과거, 그리고 기획의 실현을 담지하는 미래를 통합하는 힘을 가진 환상이 있음은 분명하다. 이 예술적 환상은 직접적인 만족을 가져다주는 대상이 없는 공허한 상태, 즉 대상의 부재를 지배하는 테크닉을 가지고 있음이 틀림없다.

『농담과 무의식의 관계』에서는 그동안 프로이트의 전형적인 메타심리학(대표적으로는 1차 위상학 등)의 주 연구 대상이었던 신경증 환자나 어린이의 '불만족-만족'의 관계에서 오는 이상(異狀) 증상을 다루는 것이 아니라, 예술 작품이 산출하는 쾌락(만족)이나 농담 실수 등의 심리적 현상들이 산출하는 쾌락을 연관지어 논한다. 예술 작품은 자극이나 흥분을 있는 그대로 방출하는 데서 오는 쾌락(만족)이 아니라, 이 흥분들을 적절하게 변화시켜 작품의 창조에 사용함으로써 일종의 기법적(技法的) 쾌락을 제공하는데, 프로이트는 이를 특히 "예비적 쾌락"이라 부른다. 농담 역시 이런 기교적인 쾌락을 만들어내는데, 직접적이고 공격적이며 비아냥거리는 말투가 산출하는 극도의 만족을 포기하고 말놀이를 통해 부드러운 쾌락을 가져다준다.

또한 중요한 프로이트의 미학적 저술 『창조적인 작가와 몽상』에는 「미켈란젤로의 모세」와 「레오나르도 다빈치의 유년 시절에 대한 회상」이라는 두 편의 유명한 글이 실려 있다. 예술과 정신분석학이라는 테마를 아마도 가장 직접적으로 관계하는 논문이 바로 이 두 편의 글일 것이다. 독자들은 미켈란젤로의 "모세상"과 다빈치의 "모나리자"와 "성안나와 성모자"를 눈여겨볼 필요가 있다.

프로이트의 위상학 모델은 기본적으로 인간을 자신의 다양한 심리적 힘 사이에서 갈등하는 존재로 파악한다. 그것은 인간이 한때 바로 그 자신이었던 아이의 포로가 될 수도 있고, 태곳적 상처로 퇴행적 삶을 살 수도 있기 때문이다. 최선의 사회적 조직이나 최선의 교육과 배려로도 인간을 그런 갈등으로부터 벗어나게 할 수 없기에, 갈등은 하나의 우연이 아니라 오직 갈등함으로써 인간을 인간다운 문화적 세계 속에

모세상.　　　　　　　　　모나리자.　　　　　　　　　성안나와 성모자.

서 살도록 하는 어떤 필연이다. 꿈이나 농담, 다양한 증상, 실언 등의 현상은 우리 마음속에 거주하는 서로 충돌하고 갈등하는 소망들의 타협과 절충의 산물이다. "모세상"에서는 갈등하는 힘들 사이의 타협이라는 프로이트적인 인간 해석 모델을 잘 보여주고 있다. 독자들 중에 미켈란젤로의 "모세상"에 대한 선이해가 필요하다면 구약성경의 출애굽기 32장을 읽어보면 도움이 될 것이다.

　　프로이트의 「미켈란젤로의 모세」에서는 위대한 예술 작품에 대한 해석이 꿈에 대한 해석의 방식에 따라 이루어진다. 프로이트가 꿈 해석에서 전체 이야기의 맥락이나 줄거리가 중요하다기보다는 외관상 사소하고 지엽적으로 등장하는 것에서 힌트를 찾듯이, 미켈란젤로의 모세 조각상에 대한 그의 해석도 상당히 디테일한 부분에서 시작되고 그것에 집중되어 있다. 필자가 판단하건대 프로이트의 해석은 다음의 글에서 그 핵심을 읽을 수 있다.

> 우상 축제를 목격하고 이에 분노한 모세가 맨 먼저 집게손가락을 긴 수염 위에 갖다 놓았을 것이고, 두 개의 율법판을 팔의 압박으로부터 미끄러지게 하여 기울게 했을 것이며, 이 집게손가락을 제외한 나머지 손가락들은 수염에서 떨어져 율법판 위에 놓이게 되었을 것이다. 종교적 사명에 대한 뚜렷한 의식에 의해 나머지 손가락들은 율법판 위에 내려놓게 되는 것이다.

프로이트는 분노한 감정과 이를 자제하려는 종교적 사명감 사이의 불완전한 타협과 절충이 손가락들의 위치 사이에 나타나는 상반된 동작들로 표현되었다고 해석하는 것이다. 아마도 이런 해석적 관점은 전적으로 프로이트 자신의 그것에 보다 충실한 해석일 것이다.

프로이트의 또 다른 글 「레오나르도 다빈치의 유년 시절에 대한 회상」은 갈등하는 마음이라는 모델에서 멀어지기 시작한다. 예술 작품이 하나의 신경증적 증후 이상의 것이라는 점이다. 이는 이전의 갈등 모델에서 멀어지는 전향적인 태도를 시사한다. 이런 모델에서 벗어나는 관찰과 기술들을 프로이트 스스로 다른 분석들 속에서 일구어내는 것을 보도록 하자.

프로이트는 레오나르도 다빈치가 그린 "모나리자"의 미소와 "성안나와 성모자"에 등장하는 미소의 서로 비슷한 점을 지적하면서, 다빈치가 프로렌스 부인(모나리자)의 미소 속에서 그가 지금껏 잊고 있었던 자신의 생모의 신비스런 미소를 보았다고 한다. 프로이트에 따르면, 다빈치는 그의 생모 카테리나가 연적인 알비에라에게 남편과 아들을 양보해야 하는 처지에서 느낀 질투심과 고통을 성안나의 미소 뒤로 숨겨버린다고 말한다. 계속해서 프로이트는 쫓겨난 생모가 다빈치에게 건넸던 입맞춤을 언급하면서, 생모에 의해 유혹받은 어린아이의 욕망 실현을 형상화하고 있는 그림들과 그가 창조했던 형상들 속에서 다빈치가 자신의 애정적 삶의 불행을 부인하고 이를 예술가답게 극복했다고 말한다. 그래서 모나리자의 미소를 해석한다는 것은 유년 시절의 기억에 대한 전기적 정신분석을 통해 은폐된 하나의 환상을 우리에게 보여주는 것이 된다.

이런 의미에서 만약 이 거장의 필치가 모나리자의 미소 속에서 어머니의 미소를 재창조해냈다면, 어머니의 미소는 색체와 소묘를 통해 모나리자의 미소 속에서 실재한다고 말할 수 있다. 생모의 미소는 다만 모나리자의 미소 배후에 깊숙이 자리 잡고 있어서 상징화함으로써 부재적으로 실재하는 것이다. 프로이트에게 이 예술 작품은 어린 시절의 충격적 사건이 남긴 트라우마(상처)의 증후이자, 이 불행을 예술적으로 극복한 치료인 것이다.

하지만 이론적 차원에서는 갈등 모델을 지지하지만 실제의 예술적 사례에서 이 갈등을 극복하는 사태를 발견하고 지지한다면, 과연 이를 어떻게 정합적(整合的)으로 받아들여야 할까? 우리의 철학자 리쾨르는 프로이트 예술론의 몇몇 문제를 다음과 같이 제기하고 있다.

예술 작품을 영구적이고 기억할 만한 낮의 (치유적) 창조물이라 말하고, 꿈을 일시적이고 비창조적인 밤의 (증상적) 결과물이라 할 때, 과연 프로이트 정신분석학은 이 두 개의 심적 활동의 산물들을 어느 정도까지 일관된 관점 속에서 다룰 수 있겠는가? 더 나아가서 예술 작품은 견고한 재료(예를 들어 대리석)에 어떤 의미를 각인시켜놓고 이 의미를 사람들에게 전달함으로써 인간에 대한 새로운 자기 이해를 산출해내는 일종의 장인적(匠人的) 작업이 아닌가? 따라서 창조된 것으로서의 예술 작품은 예술가의 갈등의 투영물일 뿐 아니라, 그 갈등 해결에 대한 스케치이자 모색이기도 하다. 꿈은 유년기로 또 과거로 회고해가는 반면, 예술 작품은 오히려 예술가 자신보다 더 앞서서 그를 갈등 해결의 지평으로 나아가게 한다. 그래서 예술 작품이란 일종의 해결되지 않은 갈등의 퇴행적인 증후이기보다는 오히려 도래할 인격적 통합을 내다보고 인간의 미래에 대한 일종의 전망적인 상징이다.

결론적으로 보자면, 이론적 차원에서 프로이트 정신분석학은 전적으로 폭로적이고 환원적인 방법, 즉 온갖 위장의 배후에 있는 것을 드러내 보이기 위해 억압되어 있는 것과 억압하고 있는 그 무엇의 가면을 벗겨내는 작업으로 방향 지워져 있음이 틀림없지만, 반면에 더 나아가 정신분석학은 오히려 회화적 형상들이라는 기호들 간의 놀이, 즉 예를 들어 결코 이루어지지 않았던 욕망의 부재하는 시니피에(이별한 생모의 미소)와 현상적 시니피앙(모나리자의 비실재적인 미소) 사이의 놀이를 드러내주는 반(反)환원적이고 의미 복원적인 해석 작업의 방향을 동시에 가지고 있다고 봐야 할 것이다.

해석들 간의 갈등, 그리고 그 끝은

아마 독자들은 눈 씻고 찾아봐도 『해석의 갈등』이란 저작에서 위의 해석들 간의 갈등과 같은 제목을 붙인 장(章)을 발견하기란 어려울 것이다. 오히려 이 저작 전체가 해석들 사이의 갈등이라는 문제의식 자체에 의해 움직인다고 봐야 하는지도 모른다. 도대체 무엇을 해석하는지, 또 이를 해석하는 노선들에서 어떻게 갈등하는지, 그리고 종국에는 어디로 가는지? 앞서 나온 해설의 항목에서와 마찬가지로 모든 논점을 빠짐없이 재론하는 수고는 하지 않을 것이다. 분명 500여 쪽에 달하는 한 저작의 제목으로 주어지리만치 리쾨르의 중요한 철학적 문제의식을 지배하는 것이 바로 해석들 간의 갈등이기에, 선택과 집중을 통해 보다 선명한 철학적인 문제 지형도를 보여주고자 할 뿐이다. 우리의 철학자 리쾨르는 해석들 간의 갈등과 긴장을 심지어는 "모더니티(modernité)의 가장 진정한 표현"이라고까지 말한다. 필자가 '모더니티'라는 용어를 우리말로 옮기지 않은 까닭은 모던와 포스트모던의 구분을 지극히 주저하는 리쾨르의 평소 태도와 의중을 반영한 것이라 하겠다.

어쨌든 현대성이든 근대성이든 이를 가장 첨예하고도 민감하게 드러낼 지평이 바로 해석들 사이의 갈등이다. 그래서 리쾨르는, 해석을 위한 보편적인 규칙이 있다거나 두루 통용 가능한 일반적인 해석 이론이나 해석학이 있다고는 생각지 않는 것이 분명하다. 오히려 이런 갈등 때문에 해석학이 내부적으로 산산조각 났다고 리쾨르는 보고 있을 것이다. 한편에서는 기만이나 위장을 벗겨 추악한 환영을 들추어내어 탈(脫)신비화하는 해석의 방향이 있는가 하면, 다른 한편에서는 신성한 메시지나 선포의 방식으로 우리 인간에게 의미의 복원이나 드러남을 갈구하는 또 다른 해석의 방향이 있다. 전자의 경우에는 프로이트의 정신분석학이 선두에 서 있고, 하나의 사물에서 성스러움을 보고자 한 엘리아데의 종교현상학을 후자의 경향으로 이해해도 좋다. 다시 말해 의심해보고 까뒤집어보는 의지가 충만한 해석이 있는 반면, 의심 대신에 심오한 메시지를 경청하면서 그것이 지닌 의미의 목적에 순종하고 따라가려는 해석이 있다는 것이다. 상징들을 두고 긴장하는 해석적 노선들이 분명 발생한다. 인간이 자신의 절망과 희망, 어둠과 빛, 과거와 미래, 처음과 마지막, 충동과 신성을 동시에 표현하기 위해 창조했고 또 받아들이는 풍부하고 수수께끼로 가득한 언어가 바로 상징이 아니던가?

우리는 상징의 문제에서 출발하여 상징의 문제로 되돌아왔다. 이 상징을 해석하는 해석학에는 인류와 개인의 어린 시절에 속하는 원초적 욕망들의 독해와 관계된 것이 있는가 하면, 우리의 정신적 성숙과 미래적 발전을 담보하는 상징을 독후하고자 하는 해석학도 있다. 앞에서 상징 해석에 관한 보편적 규범은 없다고 말한 이상 정신분석학적 해석과 그렇지 않은 해석 중 타당한 해석을 결정할 명확한 수단이 없다고 보는 것이 더 정확한 판단이다. 그래서 리쾨르는 갈등하는 상징 해석들 중 어느 해석이 타당한가라는 식의 문제 접근을 지양하고, 오히려 해석들 간의 갈등이 하나의 상징 속에서 수렴되면서 여러 층위와 갈래의 의미들이 그 하나의 상징 속에서 동시에 거주하는 사태를 보여주고자 한다.

우리는 상징의 의미 구조 속에서 갈등하는 해석의 두 계열의 교차점을 찾아야 하며, 하나의 상징 안에서 주체의 고고학과 새로운 미래적 목적론 그리고 퇴행과 전진이 발견될 수 있는 가능성을 찾아야 할 것이다. 그 상싱들은 한편으로는 우리의 어린 시절의 어둠을 반복하는 것이기도 하지만, 다른 한편으로는 우리의 성숙한 삶을 찾아나서는 데 빛을 제시하는 구실을 하는 것이어야 할 것이다. 또한 회상을 불러일으키며 원초적인 것을 떠올리게 하는 동시에, 기대와 예언을 품는 상징일 것이다.

진정한 의미의 상징이란, 우리의 어린 시절을 담고 있으면서 또 그 시절을 몽환적 방식으로 부활시키면서 우리 자신의 미래적 가능성을 상상의 세계 위에서 투사하는 상징이다. 따라서 이런 진정한 상징들은 퇴행적이면서도 전진적인 것이다. 대립하는 두 궤도의 교차점에 있으면서 충동의 목표들을 숨기기도 하고 자기의식과 자기 이해의 과정을 드러내 보이기도 하는 양 측면을 모두 가진다는 것이다. 이러한 위장과 공개, 은폐와 보여줌이라는 두 기능은 상징적 기능의 두 가지 측면을 나타내주는 것이다. 이 두 방향은 서로 무관한 것이 아니며, 진정한 의미의 상징들의 중층결정을 구성하는 것이다. 하지만 과연 어떤 동일한 상징이 이 두 해석의 궤도를 동시에 담지하고 있단 말인가? 아직 이 중요한 물음에 즉답할 때는 아닌 것 같다.

과연 상징의 이런 변증법적 구조가 프로이트가 생각하고 연구한 상징 개념들과는 어떤 관련이 있는지 한번 물어보자.

실제로 그가 상징의 어두운 측면을 핵심적으로 담당한 사람이기 때문이다.

먼저, 꿈의 작업과 기제(機制) 속에서 상징의 위상은 아주 제한적이다. 꿈속에서의 상징화(象徵化)는 고정된 기호들만을 가리킨다. 이때 프로이트에게서 상징은 결국 꿈의 해석에서 전혀 문제 되지 않은 채 단지 명확한 의미를 지닌 속기 기호처럼 꿈속에 등장한다. 압축이나 대치와 같이 분명한 하나의 꿈의 작업 수준에까지 이르렀다고 보기는 어려울 것이다. 이런 이유로 그 상징 해석은 직접적으로 이해될 수 있으며, 힘들고 고통스러운 어떤 해독 작업이 필요하지 않는 것이다.

다음으로, 프로이트 상징 이론은 처음으로 『정신분석학 입문』 5장에서 체계적으로 등장한다.

> 그렇다면 우리는 꿈속에서의 이런 상징들의 의미를 어떻게 알 수 있나? 이런 지식은 아주 다양한 원천—설화·신화·농담·해학·민담, 즉 관습·습관·속담·민요·시어·일상 언어 등—에 대한 연구를 통해서 얻을 수 있다. 우리는 이런 소재들에서 우리가 조금의 어려움도 없이 이해하는 동일한 상징체계를 종종 발견하는 것이다. 이런 원천들을 상호적으로 연구함으로써 우리는 꿈에서의 상징체계와 유사한 상징들을 발견하기 위하여 우리의 해석을 보다 확실하게 이 연구에서 도출하는 것이다.

여기서 드러나는 사실은 꿈에서의 상징과 여러 전통적인 문화유산의 상징 사이에 존재하는 유사성이 압축과 같은 꿈의 작업의 산물이 아니라 이미 문화의 작업에 속한다는 것이다. 그렇다면 문화의 작업에 속한다는 것은 무슨 의미인가? 그것은 그런 꿈속에서의 상징적 관계들이 인간의 오래된 언어 및 그 다양한 언어 사용 속에서 구축된다는 의미이다. 상징의 진정한 비밀은 배[船]가 여자를 상징한다는 것이 아니라, 여자가 의미화된다는 것이고, 또 형상(image)의 차원에서 의미 있게 되려면 여자라는 실체는 먼저 언어화되어야 한다는 것이다. 따라서 말해지는 여자만이 꿈꾸어지는 여자가 되는 것이며, 신화 속에 나타나는 여자만이 꿈속에 나타나는 여자가 되는 것이다.

그렇다면 상징의 개념을 속기에서 사용하는 기호와 같은 용례로 제한하는 프로이트의 작업은 과연 타당한 것인가? 상징은 오직 과거의 유산이나 흔적일 뿐인가? 오히려 그것은 또 하나의 의미의 서광이나 징조일 수는 없는가? 이런 물음을 던지는 우리의 철학자 리쾨르는 상징이 지닌 의미의 창조성을 다음과 같이 몇 단계로 나눈다.

그 첫 번째는 가장 낮은 단계로서 침전된 상징체계의 단계이다. 이 단계는 진부하고 고정되고 분산된 상징들의 단계이며, 꿈의 상징체계가 여기에 속한다. 여기서는 진정한 상징화

(象徵化)라고 부를 만한 작업은 이루어지지 않고 과거만을 가진 상징체계가 존재한다.

두 번째는 사회적으로 통용되는 기능을 지닌 상징의 단계이다. 이 단계는 지금도 사용되고 또 일상적으로 상용되는 상징이며, 과거와 현재를 다 가지고 있고, 한 주어진 사회의 공시성(共時性) 속에서 사회적 계약이나 약속 전체에 표지(標識) 역할을 하는 상징체계이다. 이 단계의 상징들은 대개 구조주의 인류학에서 논의되는 상징들이다.

세 번째는 미래 전망적인 상징들(symboles prospectifs)이 속하는 상위의 단계이다. 이 상징들은 자신의 다양한 다의성을 통해 전통적인 상징들을 흡수하면서 새로운 의미를 전달하는 상징들이다. 이 상징의 새로운 의미 창조는 원초적 환상들의 재(再)포착인 동시에 인간에 대한 새로운 전망을 제시한다.

따라서 상징은 프로이트에서처럼 일의적이고 원초적인 영역을 포함하는 기능만을 가진 것이 아니라, 이런 기능들을 포함하면서 인간 및 세계 이해에 새로운 의미를 창조하는 것까지 확대해서 파악해야만 한다. 우리의 철학자 리쾨르는 해석들 사이에서의 이런 갈등이 수렴될 수 있다고 믿는 전망적인 상징의 예로서 '오이디푸스'와 '아버지' 상징을 제시한다.

퇴행적인 동시에 전진적인 두 해석학 사이에 심오한 통일성을 보여줄 첫 번째 상징은 그리스의 비극 작가 소포클레스의 작품 『오이디푸스 왕』에 등장한다. 흔히 『오이디푸스 왕』의 비극은 그 고전적인 해석에 따르자면 운명의 비극, 즉 신들의 전능함과 이에 맞서는 불행한 영웅이 보여주는 인간적인 노력의 허무함 사이의 대조와 대립에 기반을 둔 비극으로 받아들여지는 것이 보통이다.

하지만 프로이트에게 오면 이런 비극적 해석의 분위기는 결코 중요하지 않다. 오히려 이 비극에서 프로이트는 자신의 꿈의 해석을 통해 잘 보여주고 있는 하나의 환상, 즉 오이디푸스적이라 불리는 유아적 사건에 기반을 둔 환상의 예증을 발견한다. 프로이트의 관점에서만 본다면 이 비극은 하나의 꿈, 즉 (근친상간의) 욕망의 위장된 충족에 지나지 않는다. 그래서 프로이트는 이 비극에 대한 고전적인 해석—신들의 전능과 악(불행)을 모면하려는 인간의 헛된 노력과의 대립에 근거한 하나의 운명의 비극으로 이해하는 것—을 처음부터 거부한다. 프로이트에 의하면, 신들의 장난에 의한 운명과 인간의 의지 사이의 갈등이 현대적인 관객인 우리에게 감동을 주는 것이 아니라, 이 운명의 특이한 성격이 감동을 주는 것이다. 프로이트는 이렇게 말한다.

"그 운명이 우리를 감동시킨다. 왜냐하면 그 운명이 우리의 운명이 될 수 있기 때문이며, 우리가 태어나기 전에 그 신탁(神

託)이 우리에게 그런 똑같은 저주를 퍼부었기 때문이다."

그래서 프로이트는 오이디푸스 전설과 근친상간 및 부친 살해의 꿈을 다음과 같이 비교하고 있다.

> 자기 아버지를 죽이고 자기 어머니와 결혼한 오이디푸스는 단지 우리 어린 시절의 욕망들 가운데 하나를 실현한 것에 불과하다. (중략) 우리는 우리 어린 시절의 소망을 실현한 그를 보고 무서워하게 된다. 그리고 이 공포는 이제 이런 욕망에 대항해서 작용하는 억압의 힘을 가지게 되는 것이다.

운명의 비극에 뒤이은 욕망의 비극이라고 말하면 어떨까? 아마 독자들이 프로이트의 상징 해석과 문화 해석을 따라가다 보면 일관성이나 체계성을 넘어서 일종의 집요함을 느낄 때도 분명 있을 것이다. 이는 심리학자나 정신분석학자라는 좁은 틀에 결코 만족할 수 없는 대가다운 면모이지만, 자신의 실로 자기 앞에 놓인 모든 진주 구슬을 일거에 꿰차고자 하는 환원적 태도를 포기하지 못하는 고집을 드러내는 것이 될 것이다. 물론 그런 태도가 다 나쁜 것은 아니다. 오히려 진정한 학자의 필수적인 덕목이기도 하다. 그래야만 하나의 세계관적 이론을 정립할 수 있을 테니 말이다.

그러나 프로이트가 퇴행과 어둠, 그리고 과거와 욕망만을 읽은 바로 그 상징에서 전진과 빛, 그리고 미래와 지혜를 읽어낼 수는 없는 것일까? 상징에 대한 해석은 운명의 비극이나 근친상간, 부친 살해 사건과 같은 욕망의 비극이 아니라, 진리의 비극과 관계해야 한다. 사실 소포클레스의 이 작품은 프로이트의 의도와는 달리 관객들의 마음속에 오이디푸스 콤플렉스를 되살리려는 데만 그 방향이 집중되어 있는 것 같지는 않다. 프로이트가 우리 어린 시절의 욕망과 관계된다고 본 근친상간과 부친 살해 사건이라는 첫 번째 사건의 기반 위에서 소포클레스는 두 번째 사건, 즉 자기 스스로를 깨닫는 의식의 비극, 자기를 다시 발견하고 인정하는 비극을 창조해낸 것이 아니냐고 자문해봐야 한다.

사실 이 비극을 잘 따라가 보면 우리는 오이디푸스의 분노와 뻔뻔스러움이 점차 와해되는 과정을 확인하게 된다. 오이디푸스는 그 자신의 거만함 속에서 차츰 좌절할 수밖에 없는 여정을 보여준다는 것이다. 오이디푸스는 자신이 저지른 범죄에 대해 자신이 죄인이라고 한 번도 생각해보지 않음으로써, 자신은 무죄라고 자만함으로써 또다시 죄를 짓게 되는 것이다. 한마디로 말해 이런 뻔뻔스러움은 더 이상 오이디푸스의 유아적 욕망의 산물이 아니라 오이디푸스 왕의 교만인 것이다. 즉, 이 비극은 어린이로서의 오이디푸스의 비극이 아니라 왕으로서의 오이디푸스의 비극이다. 진리에 대한 불손한 교만과 진리를 알지 않으려는 열정이 그를 파탄으로 끌고 간 것이 아닌가? 따라서 그의 죄는 정확히 말해 더 이상 근친상 간이나 부친 살해의 유아적 욕망에 관계된 리비도의 영역에 속한 것이 아니라 자기의식의 영역에 속한 것이다.

다시 이 작품을 잘 들여다보면 첫 번째 욕망의 비극(근친상 간, 부친 살해)은 오이디푸스가 주도하지만, 두 번째의 진정한 비극(자신이 죄인이 아니라고 생각하는 거만함)은 예언자 티레 시아스(Tirésias)를 통해 주도된다. 정신분석학의 정당성을 증 명하는 첫 번째 비극은 그 자체 속에서 탄생의 수수께끼, 즉 어린 시절의 모든 사건의 원천을 대변하는 스핑크스를 통해 뚜렷이 드러난다고 할 수 있다. 처음부터 당장 오이디푸스가 자신의 두 번째 진리의 비극성을 받아들이는 것은 아니다. 그 에 상응하는 고통을 감내한 뒤에야 도달할 수 있는 것이다. 따라서 오이디푸스의 거만과 분노와 진리의 힘 사이에 있는 모종의 관계가 두 번째 의미의 진정한 비극의 핵심이다. 이 두 번째 비극의 핵심은 성(性)의 문제가 아니라 깨달음이나 계몽의 문제이다. 사실 티레시아스는 육체적으로는 눈이 멀 었지만 정신의 계몽 속에서 진리를 바라본다. 낮에 태양 때문 에 빛은 보면서도 자기 자신을 보지 못하는 오이디푸스는 결 국 스스로 자신의 눈을 찔러 눈먼 예언자가 되고 나서야 비로 소 자기의식을 회복한다.

그렇다면 결국 유아적 욕망의 실현자이자 희생양인 오이디푸스가 진리와 빛의 구현자로서 동시에 등장하는 것은 아닐까? 사실 소포클레스의 『오이디푸스 왕』에 대한 리쾨르의 이런 새로운 주석은 상징에 대해 아주 중요한 이해를 제시하는 것이다. 이 작품에서 오이디푸스 왕은 인간의 유아기적 욕망에 사로잡힌 채 퇴행적으로 무의식적 욕망을 실현한 인물인 동시에, 스스로 비진리(분노와 뻔뻔스러움)에서부터 투쟁을 통해 전진적으로 자기의식을 회복한 인물이기도 하다. 퇴행과 전진의 두 계기가 하나의 상징인 오이디푸스 왕 안에서 통합되어 동시에 나타나는 것이다. 다시 말해 이 비극은 이 작품 자체 속에서 욕망의 위장 및 자기의식의 발현이라는 두 가지 상징 읽기의 심오한 통일성을 보여준다.

만약 하나의 상징 속에서 자기의식과 자기 인식의 발현보다는 유아적 욕망의 위장이 우세하고 압도적이라면 상징의 단계에서 첫 번째 단계인 꿈과 관련된 몽환의 영역일 것이며, 그 반대로 위장보다 발현이 우세하다면 상징의 마지막 단계인 예술적 창작과 관련된 시학(詩學)의 영역일 것이다. 꿈에서부터 예술 창작품에 이르기까지 하나의 기능적 또는 작동적인 연속성이 존재하는 것은 위장과 발현이 동시에 상반되는 비율로 작용하기 때문이다. 프로이트는 꿈과 예술 창작품 사이의 기능적 통일성을 위장된 대체(또는 대리) 만족이라는 방식으로 해명했지만, 그 질적인 차이는 해명하지 못했다. 그는 그 질적 차이를 목격하고 기술하기는 했지만 이론적으로 소화해내지는 못했다. 그래서 승화의 문제가 프로이트 이론 체계 내에서 해결되지 않고 남아 있었던 것이다.

지속적이고 기억할 만한 창작품인 예술 작품과 순간적이고 비창조적 산물인 꿈이 동일한 성질의 심리 표현물이라는 사실은 어떤 의미에선 진실이지만, 어떤 의미에선 진실이 아니다. 이 둘 사이의 통일성을 보장하는 것이 욕망이라는 동일한 재료, 즉 질료(質料)라면, 예술 작품에는 승화나 충동의 전회(轉回)라고 부를 만한 과정을 야기하는 질료의 질적 격상이 분명히 존재한다. 바꾸어 말하면 상징은 욕망이라는 질료의 통일성과 그것이 인간의 자기 이해라는 의미 지향들의 질적 다양성을 동시에 포괄할 수 있는 능력을 그 자신의 구조 속에 가진다. 퇴행과 전진은 이제부터 동일한 하나의 상징 속에서 실제적으로 대립된 두 개의 과정이 아니라, 상징화의 동일한 단계의 두 극단을 지시하기 위한 용어가 되어버리는 것이다.

그렇다면 독자들은 상징을 둘러싼 해석들 사이의 갈등이 하나의 상징 속에서 수렴되고 또 극적으로 반전되는 것을 받아들일 수 있는가? 과연 모든 상징 속에서 이런 두 방향적 해석의 수렴점들을 찾을 수 있는가?

또 하나의 그런 중층적인 상징이 있다면 '아버지'라는 상징이다. 이 상징에서는 퇴행적 욕망과 전진적인 자기 이해의 두 계기가 어떻게 서로 접속하는 자리가 될까?

다시 프로이트로 돌아가 보자. 오이디푸스 콤플렉스에서 어머니에 대한 성적 욕망은 한 축에 불과할 뿐이지, 그것이 그 콤플렉스의 모든 축을 말하는 것은 아니다. 아버지에 대한 살의도 또 다른 중요한 한 축이다. 프로이트는 이를 입증하기 위해 자기 분석에서 시작하여 소포클레스의 비극, 셰익스피어의 연극, 그 밖에도 방대한 민족학적 자료들을 찾아다녔다. 그리하여 그는 형제끼리 어머니를 사이에 두고 아버지를 원초적으로 살해하고 말았다는 유명한 신화를 적고 있다. 사실 개인적인 오이디푸스 콤플렉스로는 신(神)을 만들기에는 너무나 빈약하고 불분명한 것이다. 그래서 개체 발생적 과거를 넘어서 계통 발생적인 과거 속에 새겨진 조상 전래의 살해 없이는 아버지에 대한 향수를 이해하기란 불가능한 것이다. 프로이트는 비록 성공적이진 못했지만 그 자신의 계속적인 저작을 통해 원초적 살인의 실제적인 기억이라는 특성을 강화시켜왔다.

하지만 원초적 살인이라는 이 비극의 중심적 요소이면서도 그동안 프로이트에 의해 간과되어온 하나의 삽화적 사건(에피소드)이 있다. 그것은 형제들 사이에서 부친 살해가 다시는 일어나지 않도록 하나의 계약을 맺는 장면이다. 이 형제들의 계약은 중요한 의미를 지닌다. 왜냐하면 이 계약이 부친 살해의 반복에 종말을 고하게 했기 때문이다. 우리는 앞에서 리쾨르가 '의심의 세 대가들' 중에 프로이트를 마르크스와 같은 철학자의 문제의식도 어느 정도 포괄하는 중요한 사람으로 취급한 것을 확인한 바 있다. 그 이유는 이미 프로이트가 형제간의 계약에서 법과 사회의 기원에 관한 사유를 펼쳤기 때문일 것이다. 하지만 프로이트는 형제들 사이에서의 계약이 아버지의 형상과 화해를 가능하게 했다는 사실보다는 토템 식사 속에서의 살인의 제의적(祭儀的) 반복에 더 많은 관심을 보였다. 그래서 프로이트는 아버지 살해에 대한 후회와 죄책감이 종교적 생활의 핵심이라고까지 말한다.

그러나 종교와 신앙의 문제란 부친 살해의 반복보다는 형제들의 화해에 더 연관되는 것이다. 그리고 이런 형제들 간의 계약을 통해 발생한 화해와 통합을 외치는 아들의 종교는 부친(살해) 콤플렉스를 넘어서서 하나의 진정한 전진을 이루어 냄과 동시에 아버지를 지고한 존재로 숭상하고 성화된 존재로 경배하게 된다. 아버지는 더 이상 어머니를 두고 적의와 투쟁을 벌이는 대상이 아니다. 형제들의 계약은 아버지와의 화해는 물론이고 아버지를 죽이고도 살아남은 아들들이 어떻게 화평하게 살아갈 것인지에 대한 대답인 것이다.

사실 정신분석적 근거 없이 종교와 신앙이 에로스의 원천일 수 있다는 가능성, 신앙이 우리 속에 있는 유아기적 화해의 차원을 넘어서 사랑하는 힘일 수 있다는 가능성, 그리고 신앙이 우리 속에 있는 증오와 죽음에 맞서 사랑을 성숙하게 하는 힘이 될 수 있다는 가능성을 배제시켜버린다고 말하는 프로이트를 리쾨르는 비판한다.

프로이트는 정신분석학에서 말하는 신(神)을 다음과 같이 표현하고 있다.

> 인격적 신이란 심리학적으로 고양된 아버지에 불과한 것이다. 정의롭고 전능한 신 그리고 자비로운 자연은 아버지의 위대한 승화물로서 나타나며, 더욱이 부친에 대한 유아기적 관념들의 부활과 복원으로서 나타난다.

하지만 종교가 퇴행적·원초적 원천들을 극복할 수 있는 능력을 가지고 있느냐의 문제는 프로이트의 해결처럼 그렇게 단정적으로 부정적이지 않다는 것이 리쾨르의 판단이다. 앞에서 살펴보았듯이 레오나르도 다빈치의 그림에서 공통으로 등장하는 미소들은 잃어버린 어머니에 대한 기억이 예술 작품 속에 재창조된 것이다. 엄밀히 말해 이 기억은 창조된 것이고, 그림 속에서 제시되는 한에서만 존재하게 되는 기억인 것이다. 이미 그 원초적 장면이나 기억 속에서는 과거의 흔적이 없는 새로운 창조적 상상의 세계가 시작된다. 이것은 미소라는 회화적인 상징적 형상 속에 퇴행과 전진이라는 두 계기가 동시에 내재되어 있음을 잘 보여준다.

예술과 회화에서 상징의 이중적 계기가 좀 더 나아가 종교적 삶의 영역에서도 아주 유사한 방식으로 전개된다고 생각해보면 어떨까? 다시 말해 모든 것이 원초적 살인의 퇴행적 반복뿐이라는 프로이트의 견해와는 달리, 종교는 다빈치의 그림에 등장하는 미소처럼, 몽환적 부활만을 가진 것이 아니라 새로운 문화적 창조를 동시에 포함하고 있는 것은 아닐까?

종교가 개인적 차원이 아니라 보편적 차원에서 문화적 중요성을 지니고 보호와 위안과 화해의 기능을 담보하는 한, 그 종교의 표상물(아버지로서의 신)은 퇴행적·전진적 계기를 동시에 지니는 것이 아닐까? 종교적 상징의 힘은 그 상징이 원초적 장면의 환상을 반복함과 동시에, 그 환상을 인간성의 기원에 대한 발견과 탐구의 도구로서 바꾸어놓는 데 있다는 생각을 할 여지는 없는가?

유대·그리스도교의 추방과 원죄의 신화, 오르페우스 문헌의 추방의 신화, 그리고 헤시오드와 바빌론 문헌의 전쟁 신화에 등장하는 원초적 살인, 탐욕, 전쟁 등은 인간의 오래된 과거적 흔적의 기능을 수행함과 동시에 인간성의 기원에 대한 상상을 가능하게 한다. 인간이 성스러운 표성물(아비지로서의 신)을 통해 새로운 영역의 의미들을 구성하고 해석하고 지향하는 것은 바로 이 원초적 장면(적의를 품은 아버지를 살해)의 환상이라는 질료 위에서이다. 물론 보다 중요한 것은 원초적 장면의 환상과 같은 인상적인 재료가 아닌 그 재료의 의미 지향적 혁신과 새로운 의미의 창조를 야기하는 해석의 운동이다. 시기와 질투 그리고 살인에까지 이르는 적의의 대상으로서의 아버지와 이 아버지에 대한 살인의 장면에만 등장하는 오이디푸스 콤플렉스의 아버지 상징이 전부는 아니다.

인간은 신(Dieu)을 성화된 아버지로 상상하면서 또 신화를 만들면서 인간성의 기원에 대한 이해와 새로운 의미를 창조해내는 것이다. 비록 제한된 텍스트적 영역이긴 하지만 그리스도교의 성서는 그런 '아버지 상징'의 보다 다양한 차원들을 예증한다. 물론 조직신학이나 호교적 신학자들은 성서에서 수미일관되고 체계적이며 통일성을 갖춘 절대적인 '하나님' 아버지 모습을 그리려고 애쓰지만, 성서의 각 권마다 아버지의 모습은 실로 다양하다. 지칭이나 명명도 불가능할 때가 있었는가 하면, 하나님을 '아버지'로 지칭하는 작업이 막 이루어지는 때도 있었고, 아버지에 대한 예언적 선포의 때도 있었고, 아버지에게 간구와 기도를 올리는 때도 있었다.[10] 예수의 기도에서는 하나님 아버지에 대한 전적인 인정과 복권이 이루어진다.

결국 지칭과 대면을 못할 정도의 절대 권위에서부터 젖먹이를 돌보는 어머니와도 같은 온유함과 자비에 이르는 하나님 아버지라는 상징의 의미적 층위들이 그 하나의 상징 안에 중첩되어 있는 것이다. 환상적 재료의 원초적이고 퇴행적인 특성을 폭로하는 정신분석학적 해석과 그 환상적 재료를 가로지르며 새로운 지향적 의미를 드러내는 종교현상학적 해석은 동일한 하나의 상징(아버지 상징) 안에서 서로 만나고 교차하고 화해한다고 말할 수 있지 않을까?

3장

『해석의 갈등』그 후

은유_또 다른 의미의 보고(寶庫)

철학적으로 보자면, 코기토의 불투명성과 제약적 성격의 발견, 그리고 그것을 극복하는 것이 우리의 철학자 리쾨르의 사유를 열어가는 열쇠와 같은 것이었다. 인간의 자기 이해라는 철학의 목표는 한 번도 좌초된 적이 없었다. 다만 긴 우회의 해석학 때문에 유행을 따라하는 이들과 성급하게 판단하고 읽는 이들의 불만을 샀고, 때로는 인내와 노력을 줄기차게 요구했을 뿐이다.

1960년대 말에서 1970년대까지는 상징과는 또 다른 의미의 진원지인 은유를 철학적 연구 대상의 지위로 격상시키고 1980년대의 금의환향적인 복귀를 주도했던 저작들의 주제인 이야기와 시간 그리고 텍스트들 역시 그 근본적 아이디어들[11]

은 인간은 직접적으로 투명하게 자기를 이해할 수 없다는 초기 생각의 또 다른 변형이었다. 그러니까 인간의 말과 언어가 인간 자신을 발견하기도 하고 만들어내기도 한다는 것이다. 따라서 상징적 언어의 영역만이 유독 코기토의 직접성과 불충전성을 매개하여 보다 구체적이고 보다 진실한 인간의 자기이해에 근접할 수 있다고 믿는다면, 이는 좀 과장된 것이다. 그 이유는 인간의 언어활동의 층위가 그만큼 다양하고 심원하기 때문이다. 다시 말해 해석학적 의미 분석의 대상이 되는 종교적 체험 언어나 신화 또는 정신분석적 상황에 처한 환자의 이야기만이 코기토의 매개 과정을 구성하는 것이 아니기 때문이다. 문화 전반에 대한 프로이트의 해석학과 종교현상학의 의미 분석이 언어의 문제틀 속에 포섭되는 것이지 그 반대가 아닌 것이다.

언어학의 연구 대상의 구성 요소적 수준에서 보자면, 상징은 그 다양한 출현 영역과는 무관하게 여전히 단어 차원의 언어적 요소이다. 상징을 넘어서 더 나아가 리쾨르가 탐구한 언어학자인 벤베니스트(E.Bennveniste)적인 의미의 담화나 은유는 적어도 초보적 문장 수준의 언어 요소이다. 신화 역시 단어 수준의 상징들로 이루어진 초보적인 문장들의 결합체로 충분히 파악할 수 있을 것이다. 레비스트로스의 신화소도 이와 다르지 않다. 상징 언어와 그 이해가 코기토는 이미 존재 속에 있는 것이지 그 역이 아니라는 점을 밝혀주고 또 의식의 자기 정립 이전에 욕망의 전(前)반성적 정립이 선행되고 더 우선적이라는 함의를 해명하는 인간 언어활동의 한 국면이라면, 소쉬르의 기호언어학에 대항하는 벤베니스트의 담화언어학은 발화 주체들(또는 청자와 화자)을 복원하고, 음운론에 환원되지 않는 의미들 및 음소들의 구조적이고 폐쇄적인 결합 체계의 외부에 엄존하는 지시(대상적) 관계들[12] 등을 복원한다. 바로 이 4가지 요소의 발견과 재강조가 리쾨르가 구조언어학과의 수용과 대면을 통해 얻은 최소한의 성과라고 볼 수 있을 것이다.[13]

결국 리쾨르는 언어학의 연구 대상인 구성요소들의 변동과 그 층위를 보다 엄밀하게 주목하면서, 구조언어학에서의 '음소→형태소→어휘소'로의 발전에 상응하는 '단어→문장→복수문장의 결합'을 제시하고, '상징→담화(은유)→텍스트'라는 코기토를 매개하는 언어적 요소의 장을 확장시켜 왔다고 볼 수 있다. 매개된 코기토의 해석 과정을 뒷받침하는 언어 요소가 텍스트로 확대되면서 그것이 코기토와 주체에 대한 문제틀에 끼치는 영향력은 훨씬 복잡해졌다.[14]

필자는 이 언어적 확장이 가져다준 모든 문제를 여기서 다룰 수도 없을뿐더러 그렇게 하기를 원하지도 않는다. 다만 『해석의 갈등』이후에 나타나는 저작과 문제들에서 보이는 어떤 연속성을 아주 짧게 보여주는 데 그치고자 한다.

　이제 본론으로 들어가 보자. 1960년대 상징 해석학에서 1980년대 텍스트 해석학에로의 이행 중간 시점인 1970년대에 리쾨르는 인간의 다양한 언어활동과 그 층위들을 발견하고, 또 은유가 상징과 텍스트와 더불어 의미들의 혁신적인 창조가 일어나는 지점이라는 것을 발견한다. 1975년 저작인 『생생한 은유 *La métaphore vive*』는 글쓰기나 그 사유 전개에서도 이전의 저작들보다 영미 분석철학의 흔적이 훨씬 두드러진다. 이 점은 리쾨르가 1970년대의 프랑스 철학 무대에서 눈에 덜 띠는 양상과도 상통할 것이다.

　리쾨르는 고전 수사학, 현대 기호학, 의미론 그리고 해석학이라는 은유에 대한 방대한 이론적 지형들을 가로지르면서 각각에 해당되는 언어적 요소들이 단어, 문장, 담화(미니어처 텍스트)라는 것을 제시한다. 주로 고전주의 수사학의 한계는 은유라는 의미 생산적 메커니즘의 결과를 단 하나의 단어(명사 또는 이름)를 바꾸고 변경하는 데서 유래한다고 생각한다. 이를테면 "한강은 서울의 동맥"이라는 은유에서 "대동강은 평양의 동맥"이라는 또 다른 은유를 복사해내면서 명사들의 교환으로 은유의 메커니즘을 이해할 수 있게 된다. 리쾨르는, 이런 접근은 은유를 단어에서 일어나는 의미론적인 우발적 사건으로 규정하고, 실재에 대한 모종의 어떤 인지적 위상을 부여하는 것과는 거리가 먼 단순히 언어를 보기 좋게 치장하는 결과를 낳게 한다고 비판한다.

이와 같이 단어들의 대체(代替)에 은유의 핵심이 있는 것이 아니라, 은유적 의미의 파급 효과가 단어를 넘어 문장이나 언표(言表)에서 발생한다는 의미론적 접근은 은유에 대한 보다 사태 부합적인 이론으로 인정된다. 이 경우 은유에는 그동안 발견되지 않았던 유사성이 새롭게 주어짐으로써 새로운 의미 작용을 가지는 하나의 실험실로서의 은유가 인식된다.

하지만 리쾨르에 따르면, 은유의 살아 있는 진정성은 그 자신보다 더 큰 단위인 텍스트라는 맥락을 가지고 그 안에서 은유가 "미니어처 형태의 시"로 나타날 때 드러난다. 그동안 세상에 빛을 보지 못했던 의미 작용들을 발현시키는 것에 은유가 만족한다면, 그것은 "뜻밖의 유사성"이 확인되고 발견되는 단계인 의미론적 단계이다. 이제 생생하게 살아 있는 은유적 언어의 내재적 한계를 벗어나 언어 외재적 지시 관계를 가지게 되는 존재론적 함의를 지니게 된다는 것이다. 사물을 직접 기술적으로 지시하는 것은 일상 언어의 몫이고, 은유는 현실과 실재를 '다시' 기술하는 역할을 맡는다는 것이다. 이것은 마치 과학 이론에서 모델이 보여주는 역할과 같은 것이다. 일정하게 창안된 정합적 개념들의 배치물인 모델을 통해 우리는 새로운 현상과 사태에 대한 발견(또는 해명)을 이룩할 수 있는 것이다. 만약 은유가 모델과 같은 역할을 해내는 것이라면, 과학적 모델을 통해 진리의 발견을 말할 수 있는 것처럼 은유적 진리를 말할 수 있다는 것이 리쾨르의 은유론의 중요한 존재론적 함축이다. 은유는 그동안 무관하고 유사하지 않았던 개념들이 보다 더 큰 텍스트 안에서 서로 근접함으로써 새로운 실재와 현실에 대한 발견과 창안을 주도할 수 있다는 것이다.

예를 들어 "오월은 계절의 여왕이다."라는 표현은 요즘은 좀 흔한 은유이다. 그러나 피천득의 「오월」에는 "오월은 금방 찬물로 세수를 한 스물한 살 청신한 얼굴이다. 하얀 손가락에 끼어 있는 비취가락지다."라고 말한다. "눈은 마음의 창이다."는 흔하지만 "피부는 몸의 거울이다."는 그렇지 않다. 리쾨르는 '시간'과 '이야기' 개념을 두고 "이야기는 시간의 관리자다."라고 말한다. 우리는 이 은유를 듣자마자 이야기하는 활동이 시간을 어떻게 나름의 방식대로 전유(專有)하는지를 주목하게 된다.

텍스트_가장 긴 우회의 해석학에서 주체의 문제[15)]

사실 은유가 상징과 텍스트와 더불어 의미들의 혁신적인 창조가 일어나는 지점이라는 지적이 틀린 것은 아니지만, 상징에 대한 연구에서와는 달리 인간 주체에 대한 물음이 주제적이지 않았다는 점에서 분명 리쾨르의 철학적 여정에서 휴지(休止)와 같은 것이다. 이런 휴지는 단수문장 수준의 은유에서 복합 문장체 수준의 텍스트로 해석학적 우회의 통과점이 확장되면 사라진다. 쓰는 주체(저자), 읽는 주체(독자), 텍스트의 세계 등 중요한 인간학의 문제 지형들이 등장하게 되는 것이다. 이렇게 단위가 확장되면 이론적 사태―텍스트 해석의 인식론, 텍스트 세계의 존재론, 그 세계가 독자에게 주는 효과를 말하는 주체 문제적 지평 등―는 훨씬 복잡해진다.

필자는 이 어설픈 해설의 말미에 와서 독자들을 개념들의 능선으로 안내하여 한바탕 지적 모험과 전투를 감행할 생각은 없다.

상징을 듣고 읽어내듯 인간은 텍스트를 보고 읽는다. 읽는 활동의 상관항은 상징에서는 상징의 중층적 의미와 그 상징이 드러내는 바다. 마찬가지로 텍스트에서는 텍스트의 의미와 그 세계이다. 텍스트의 의미와 그 세계가 하나가 아니라 다(多)라는 것은 분명하다. 왜냐하면 그것은 상징과 텍스트를 "읽을 수 있는 누구에게나" 개방되어 있기 때문이다. 문제의 핵심은 텍스트를 읽으면서 인간은 자기 자신을 읽고 이해하는 데로 나아간다는 것이다. 이것이 텍스트 해석학의 최종적 테마인 자기 이해이다. 이것은 주체가 읽기를 통해 텍스트의 세계를 자기화하는 것으로, 이 세계의 수용을 통해 주체가 가진 기존의 존재 방식과 대면함으로써 주체 자신과 이런저런 방식으로 관계를 맺는 세계를 새롭게 다시 만드는 데까지 이른다. 그래서 텍스트를 만나기 전의 삶의 상태가 있을 수 있고, 텍스트를 만나는 삶의 상태가 있을 수 있고, 텍스트를 만난 후의 삶의 상태가 있을 수 있는 것이다. 보다 더 정확히는 텍스트는 삶에서 시작된다고 말해야 한다. 달리 말하면 텍스트는 아직은 다소 혼란스럽고 지리멸렬한 삶에서 출발한다.

하지만 텍스트 속으로, 더 넓게 말해 언어 속으로 가져오지 않은 이런 일상적 삶과 경험들은 여전히 소통 불가능한 것이고 맹목적인 것이다. 작가와 쓰는 주체는 이때 개입한다. 그리고 독자인 우리는 텍스트에 몰입한다. 그 속에서 우리는 산발적이고 혼란된 일상과 흐트러진 생활의 조각에 전혀 다른 형태와 모습을 부여함으로써 이를 재조직화하면서 비(非)일상성과 유의미성을 일구어낸다. 텍스트의 세계란 바로 이런 것이다. 우리는 흔히 책에 빠진다거나 영화에 빠진다고 말한다. 혹은 보다 점잖게 그 세계에 입문한다고 말한다. 그렇게 말하는 것은 결코 우연이 아니다. 정작 그 속에 빠질 만하다거나 그 문으로 들어갈 만큼의 가치 있는 세계가 버티고 있기 때문이다. 거기에 빠져 허우적대는 것을 우리는 흔히 '읽기'라고 말한다.

어쨌든 삶에서 시작된 텍스트는 다시 삶으로 돌아와야 한다. 다시 돌아온 삶은 그 이전의 삶과 같을 수는 없을 것이다. 그러므로 삶을 텍스트와 무관한 것으로, 텍스트에 외재하는 것으로 보아서는 안 된다. 텍스트가 주체의 자기 이해를 매개하는 것이라면, 이 매개는 텍스트가 주체의 삶과 가지는 이런 부단한 관여와 개입 이외에 다른 것을 의미하지는 않는다.

결국 매개란 텍스트와 주체의 삶이 단절되었다는 허위에 대한 거부이자, 언어와 주체가 각기 다른 실체라는 환상에 대한 쉼 없는 지양(止揚) 운동이다. 바로 이것이 텍스트에 의해 매개되지 않는 자기 이해란 없다고 하는 리쾨르 해석학의 전체를 주도하는 이념이자 아이디어이다. 물론 그런 매개와 해석이 총체적이거나 완결적일 수 없다면, 따라서 자기 이해도 유한할 수밖에 없고 불완전할 수밖에 없다. 오히려 이 자기 이해의 유한성과 불완전성은 인간의 조건에서 유래한다. 이 조건을 인간에게 주어진 축복은 아니더라도 저주라고 볼 필요는 없을 것 같다. 오히려 그런 조건은 인간을 겸손하게 만들 수 있지 않을까? 텍스트에 비추어보거나 매개되지 않은 인간 주체의 직접적인 자기 이해나 직관적인 자기 인식이란 더 이상 신뢰할 수 없다는 점은 인간으로 하여금 자신의 삶을 음미하고 검토하도록 초대할 것이다. 소크라테스가 이렇게 말하지 않았던가?

"음미되지 않는 삶은 인간의 삶이라고 불릴 만한 가치가 없다."

텍스트의 의미에 대한 지배자나 주인 노릇하는 주체나 코기토가 아니라, 오히려 텍스트 앞에서 그리고 그것에 비추어보아 자기 자신의 이해를 구하는 것이 더 근본적인 철학적 반성의 문제가 된다. 리쾨르는 이 새로운 문제적 상황의 주체를 "텍스트의 제자로서의 자기"라고 부른다.

3부

관련서 및 연보

『해석의 갈등』이 리쾨르 철학의 사상사적 궤도에서 중간 이음새의 시작을 형성하면서 중기(中期)의 발전 양상을 가장 '다양'하게 보여주는 저작이라면, 『한 타자로서의 자기 자신 *Soi-même comme un autre*』은 리쾨르 스스로 자기 철학의 종합이라고 평할 만큼 리쾨르 철학의 모든 것이 담겨 있는 책이다. 아직 우리말로 번역되지 못한 게 아쉬울 따름이다. 국내에 번역된 리쾨르 저작 중 『해석의 갈등』 외에 『시간과 이야기 1, 2, 3』은 하이데거의 『존재와 시간』이 20세기에 담당했던 역할을 21세기에 이을 책이라는 평을 들을 만큼 중요하다.

리쾨르 관련서

리쾨르의 다른 저작들

우리말 번역서를 제외한 리쾨르의 저작들 중에 만약 여러분이 꼭 한 권을 읽어야 한다면 아래의 첫 번째 저작을 권한다. 필자의 주관적 판단에 따라 그 중요도를 반영하여 번호 순서대로 세 권만 나열해보았다. 리쾨르의 원전들은 대부분 영역판이 나와 있으니 불어에 익숙지 않은 독자들도 안심하시라.

Soi-même comme un autre(한 타자로서 자기 자신), Editions du Seuil(Paris), 1990.

영역판: *Oneself as another*, The University of

Chicago Press, 1992.

리쾨르 스스로가 자신의 모든 철학적 작업의 결산 내지 종합이라고 규정한 저작이다. 『의지의 철학 1』에서부터 시작한 저자 자신의 철학적 여정을 주체의 물음에 새로운 지평을 열어주려는 기획과 의도에서 재조명하며, 그가 그동안 주체에 대한 죽음과 주체에 대한 과신 사이에서 독자적인 길을 찾는 과정을 보여주는 책이다. 이 저작은 저자가 그간 보여준 의지의 문제, 상징과 텍스트의 문제, 윤리의 문제, 존재론의 문제 등을 체계적으로 재구성하며, 인간의 자기 이해와 해석이 거쳐야 할 단계와 과정을 점진적으로 그리고 다른 인문학의 연구 성과와 대화를 통해 통찰력 있게 보여준다. 우리는 이 저작을 통해 리쾨르가 가진 현대 철학 전반에 대한 첨예한 문제의식과 해결에의 노력과 시도를 만나게 된다. 가장 먼저 번역되어야 할 책으로 평가되지만 아직 국내 사정은 그렇지 못하다.

Philosophie de la volonté I-le volontaire et l'involontaire(의지의 철학 I), Aubier(Paris), 1950.
영역판: *Freedom and Nature*, The Northwestern University Press, 1966.

이 저작의 덕목을 단 몇 자로 압축한다면 이 책에 대한 배반일 것이다. 프랑스 반성철학의 중요한 철학적 문제인 자유의지, 죽음, 생명, 신체, 무의식, 탄생 등에 대한 첨예한 문제의식이 돋보이는 저작이다. 리쾨르의 철학을 알기 위한 필독서이고, 프랑스 철학의 입문을 위한 핵심적 저작이다. 국내외를 막론하고 리쾨르의 저작들 중 독자들에게 가장 외면을 당하는 책이지만, 리쾨르에 대해 제대로 말하기 위해서는 이 저작과의 대면을 회피하기 어렵다. 깊은 통찰, 차분한 설득, 반론을 예상하는 변증법적 글쓰기 등이 이 책의 전면에 펼쳐진다. 사실 필자로 하여금 리쾨르를 공부하도록 결심하게 한 저작이 바로 이 책이다. 독자들은 차후에 발전하는 리쾨르 철학의 중요한 테마들의 맹아를 이 저작에서 발견할 수 있을 것이다. 쉽지는 않지만 한번 도전해볼 만한 저작이다.

De l'interprétation: essai sur Freud(해석에 관하여: 프로이트 시론), Editions du Seuil(Paris), 1965.

영역판: *Freud and Philosophy*, Yale University Press, 1970.

이미 국역된 『악의 상징』(1960)과 더불어 해석학자로서의 리쾨르의 진면목을 한눈에 알아볼 수 있는 저작이다. 라캉과의 불행한 관계를 가져다준 책으로도 알려져 있다. 해석한다는 것이 구체적으로 무엇인지, 도대체 해석학이라는 학문적 활동이 무엇인지 몰라 막연하고도 공허한 적대감이 생긴다면 꼭 읽어보아야 할 저작이다. 리쾨르 철학의 중추에 해당하는 저작이라고 말한다면 좀 과장된 것일까? 『해석의 갈등』을 제대로 이해하기 위해서도 반드시 거쳐야 할 저작이다. 철학자로서 이렇게 진지하게 프로이트적인 담론이 제기하는 철학적 문제와 그 함축에 대해 고민한 저작은 그리 흔치 않을 것이다. 문제에 도달하는 접근 방식, 그 문제 해결을 위한 사유 방식, 그리고 철학적 글쓰기의 전형을 만나고자 한다면 이 책을 펼쳐보기 바란다. 철학이 비(非)철학적 담론을 만나고 거기서부터 얻는 교훈과 유익을 극적으로 보여주고 현실화한 저작이다. 아울러 프로이트를 다루면서 그에 대한 분석과 해석을 분류해놓은 독특한 저작이다.

더 읽어야 할 리쾨르 관련서

독자들은 물론 우리말로 번역된 책을 읽고 싶을 것이다. 당연히 『해석의 갈등』을 읽어야겠지만 먼저 『악의 상징』을 진지하게 일독하고 또 다독하기를 권한다. 그런 다음 엘리아데와 프로이트의 원전을 몇 권 읽도록 한다. 리쾨르의 이해를 위해 후설과 하이데거의 책들도 빼놓을 수 없다. 보다 큰 흐름을 잡기 위해서는『텍스트에서 행동으로』를 읽고, 숲을 지나 나무들을 보려면『시간과 이야기 1, 2, 3』시리즈와 대결한다. 이 시리즈는 하이데거의『존재와 시간』이 20세기에 담당했던 역할을 21세기에 할 책이라는 평을 들을 만큼 중요한 책이다.

리쾨르 저작 국내 번역서(원전 발간 순)

『역사와 진리』(박건택 옮김, 솔로몬, 2002)

『악의 상징』(양명수 옮김, 문학과지성사, 1994)

『해석의 갈등』(양명수 옮김, 아카넷, 2001)

『해석이론』(김윤성·조현범 옮김, 서광사, 1996)

『해석학과 인문사회과학』(윤철호 옮김, 서광사, 2003)

『시간과 이야기 1: 줄거리와 역사 이야기』(김한식·이경래 옮김, 문학과지성사, 1999)

『시간과 이야기 2: 허구 이야기에서의 형상화』(김한식·이경래 옮김, 문학과지성사, 2000)

『시간과 이야기 3: 이야기된 시간』(김한식 옮김, 문학과지성사, 2004)

『텍스트에서 행동으로』(박병수·남기영 편역, 아카넷, 2002)

리쾨르 관련 국내 학위 논문

『하이데거와 리쾨르의 해석학적 사유: 리쾨르의 하이데거 수용과 비판』(한상철, 서울대 대학원, 1994)

『뽈 리쾨르의 도덕 철학: 목적론적 윤리와 의무론적 도덕의 종합』(김정현, 서강대 대학원, 2001)

『주체와 이야기: 언어분석철학과 해석학의 만남을 통한 리쾨르의 주체 해명』(김선하, 경북대 대학원, 2002)

기타 연구서 및 추천 도서

『폴 리쾨르의 철학』(윤성우, 철학과현실사, 2004)

저자가 자신의 책을 직접 추천하는 것이 추천의 윤리에 저촉되지 않는다면 졸저 『폴 리쾨르의 철학』을 권하겠다. 필자의 리쾨르 독해를 일정하게 조건 짓는 관점으로부터 상당히 자유롭지 못한 책임을 미리 말해둔다. 이 저작은 필자가 국내 최초의 리쾨르 철학에 관한 본격적인 연구서이기를 희망하면서 여러 글을 모아서 만든 책이다. 독자들이 원전에 투자하는 시간에 비해 좀 더 경제적인 독서를 원할 때 사용하면 좋다. 총 10장과 부록으로 구성되어 있고, 20세기 현대 철학의 중요한 흐름으로 자리 잡은 현상학과 해석학의 중심적인 주장과 인접한 학문 분과들(구조주의, 정신분석, 신화학, 영미 분석철학)이 가지는 연관성이 본격적으로 논의되고 있다. 후설 현상학의 뿌리가 데카르트에 있다는 말은 철학사에서 상식에 속하는 말이지만, 데카르트가 서양 철학사에 남긴 유산의 다양한 극복이야말로 폴 리쾨르 철학의 출발점이라고 말할 수 있다. 데카르트가 실체 중심적 사고를 위해 배제할 수밖에 없었던 신체, 타자, 언어는 현대 유럽 철학과 요즘의 포스트모던 사조를 지배하는 중심 테마를 이루고 있는 것들이다. 서양 근대와 현대를 파악하는 연속성과 불연속성이 상호적으로 분절되는 곳이 위에 언급한 세 지점들이다. 이 중심적인 현대 철학의 테마에 대한 리쾨르적인 응답을 찾고자 준비된 저작이다.

『폴 리쾨르』(프랑스와 도스, 이봉지·한택수·선미라·김지혜 옮김, 동문선, 2005)

번역상의 몇몇 혼란이 옥에 티로 남았지만 리쾨르의 자전적 삶과 학문적 삶에 대한 연구서로는 더 이상의 책은 기대하지 않아도 좋을 듯하다. 도스가 역사학자라는 점을 감안하여 너무 철학적인 독후를 바라서는 안 되겠지만, 리쾨르와 관련된 많은 에피소드가 수록되어 있어 무척 흥미롭다. 현대 프랑스 철학의 전반적인 분위기를 이해하는 데도 상당한 도움을 준다.

리쾨르 연보[1]

1913년

2월 27일 프랑스 남부 발랑스에서 태어난다. 어머니는 출산 후유증으로 사망한다.

1915년

영어 선생이던 아버지가 제1차 세계대전에 참전했다가 전사한다(이후 조부모와 이모의 극진한 보살핌을 받으며 성장한다).

1929년

렌느 고등학교 재학 중 철학자 달비에스(Roland Dalbiez)에게서 큰 영향을 받는다. 파리고등사범학교에 응시했다가 낙방한다.

1932년

젊은 가톨릭 철학자 엠마누엘 무니에(E. Mounier)가 잡지 『에스프리 *Esprit*』를 창간한다. 리쾨르는 이 잡지를 통해 신앙과 정치의 연관 관계를 배우며 무니에와도 평생 두터운 관계를 맺는다.

1934년

렌느 대학 석사학위 논문 「라슐리에와 라뇨에게서 하느님의 문제 Problème de Dieu chez Lachlier et Lagneu」가 심사에 통과된다. 파리 라틴 구역에 있는 가브리엘 마르셀(G. Marcel)의 집에서 열리는 금요토론회에 정기적으로 참석하면서 1973년 마르셀이 사망할 때까지 관계를 지속한다. 바르멘 선언으로 히틀러에 대항한 칼 바르트(K. Barth) 신학의 영향을 받는다.

1935년

장 피에르 베르낭의 동생인 자크 베르낭에 이어 아그레가시옹(교수 자격시험)을 2등으로 통과한다. 어릴 때부터 친구이자 같은 개신교도인 시몬느 레자와 결혼한 뒤, 알자스 지방의 작은 도시 콜마르에 있는 고등학교에 부임한다. 스트라스부르그에 가까운 이곳에서 하이데거를 읽기 시작한다.

1937~1939년

로리앙 고등학교 교사로 재직한다.

1940년

제2차 세계대전에 예비역 장교로 참전했다가 독일군에 체포된다. 1945년 종전까지 폴란드에 있는 나치스 포로수용소에서 후설의 『이념 1』을 불어로 번역하고 뒤프렌느와 세미나를 하며 특이한 수용소 생활을 보낸다.

1947년

개신교 교육자 연합에서 회장으로 선출된 뒤 국가 교육제도에 관심을 갖고 종교 잡지인 『신앙과 교육 Foi et Education』을 창간한다. 알제리 전쟁의 부당성을 주장한다.

1948년

스트라스부르그 대학 철학과 교수로 부임한다. 철학과 신학 및 타 학문 분야의 학제 간 연구가 활발했던 이곳에서 학문적 발전을 이룬다. 악의 문제와 희랍 비극, 플라톤과 아리스토텔레스를 가르치고 칸트를 체계적으로 공부한다. 제자들과의 긴밀한 유대와 우정이 두고두고 화제가 된다.

1949년

논문 「후설과 역사의 의미 Husserl et le sens de l'histoire」를 철학 잡지 『형이상학과 도덕 Revue de métaphysique et de morale』에 기고한다.

1950년

박사 학위 논문 『의지의 철학 1권: 의지적인 것과 비의지적인 것 *Philosophie de la volonté 1. Le Volontaire et l'involontaire*』(Aubier, Paris)이 심사에 통과되고 이어 출간된다. 논문 심사 위원으로 참가한 쟝발(Jean Wahl), 쟝 이폴리트(Jean Hyppolite), 르네 르 센느(René Le Senne), 콜빌(M. Colleville), 수리오(M. Souriou) 등으로부터 "탁월하고도 예외적인 작업"으로 인정받는다.

1954년

후일 논문집 『역사와 진리』에 수록되는 「개인과 이웃 Socius et le prochain」을 발표한다. 미국 필라델피아 근처의 퀘이커계 대학인 하버포드 대학에 초청된다.

1955년

『역사와 진리 *Histoire et vérité*』(Seuil, Paris)를 출간한다. 8월에 복권된 하이데거가 참석한 가운데 스리지(Cerisy)에서 대화 모임을 갖는다. 하이데거가 소크라테스 이전의 그리스 철학에 집착하고 기독교 정신을 도외시한 결과 윤리성 결여로 결국 나치에 빠졌다고 줄곧 생각한다. 그러나 1987년 나치즘에 연루된 하이데거를 논쟁적으로 비판하는 파리아스(V. Farias)의 책이 발간되자 이 책의 의도가 불순하다고 판단한 뒤 침묵을 지킨다.

1956년

장 이폴리트(J. Hypollite)의 추천으로 소르본 대학에 교수로 부임한다. 당시 소르본 대학 철학부에는 아롱(R. Aron), 거비치(G. Gurvitch), 장 켈레비치(V. Jankélévitch), 발(J. Wahl), 구이에(H. Gouhier), 코기에(G. Cauguilher), 바슐라르 (G. Bachelard) 등이 활동한다. 데리다는 1965년 고등사범학교(ENS)에 조교수로 가기까지 4년간 소르본에서 조교 생활을 하면서 리쾨르의 조교 일을 한다. 강의 시간에 데리다와 토론도 한다. 소련의 부다페스트 침공, 프랑스의 알제리 전쟁 등 정치적 절망기에 「정치의 역설 Le paradoxe politique」이라는 논문을 발표한 뒤, 한나 아렌트(Hanna Arendt)와 교유하며 권력과 폭력을 구분하는 그녀의 견해에 동의하고 이런 관점을 줄곧 유지한다.

1960년

『의지의 철학 2: 유한성과 허물 1. 오류적 인간 2. 악의 상 징 Finitude et culpabilité 1. L'homme faillible 2. La symbolique du mal』(Aubier, Paris)을 출간한다.

1961년

6월 9일 알제리 전쟁에 반대하여 반정부 혐의로 가택 연금을 당한다. 나중에 수상이 되는 개신교인이자 사회당원인 로카르(M. Rocard)는 리쾨르의 견해에 찬성한다. 카스텔리 (E. Castelli) 초청으로 로마 국제학술대회에 참석한다(이후 매년 1월 5~11일 주로 종교철학과 비신화화를 주제로 열리며,

리쾨르는 고정 멤버로 초청된다). 소르본 후설센터의 책임자가 된다. 미국 예일 대학의 테리 강좌(Terry Letures)를 통해 프로이트에 관한 책을 준비한다.

1963년

레비-스트로스와 논쟁한다. 알튀세르, 라캉, 바르트, 푸코, 부르디외 등 구조주의자들이 큰 활동을 벌이는 가운데 부르디외는 리쾨르를 정신주의자라고 공격한다.

1964년

파리 소르본 대학의 딱딱하고 형식적인 인간적 교류에 실망한 나머지 낭테르 대학이 파리 교외에 개교하자, 새로운 교육 체제와 학문의 장을 마련할 계획으로 이전한다. 조교인 리오타르(J. F. Lyotard)와 앙드레 자콥(A. Jacob)도 같이 데려가고, 프와티에 대학에 재직하던 레비나스, 뒤프렌느(M. Dufrenne), 듀메리(H. Duméry)를 초청한다. 레비나스와 듀메리와 함께 이곳을 종교철학 분야의 중심지로 만들 계획을 한다.

1965년

『해석에 관하여: 프로이트 시론 De l'interprétation: essai sur Freud』(Seuil, Paris)를 출간한다. 1961년 예일 대학에서의 세 번의 강연과 1962년 벨기에 루뱅 대학에서의 여덟 번의 강연 내용으로 구성된 책이다. 이 책에 대해 라캉은 혹평하고 그의 제자들도 지면을 통해 공격한다(이후 1986

년까지 리쾨르는 정신분석에 관한 글을 쓰지 않고, 『해석에 관하여』를 문고판으로 내자는 요청도 1995년에야 수락한다). 라캉은 장발(J. Wahl)의 권유로 『에크리 Ecrit』를 출간하여 대성공을 거둔다.

1966년

시카고 대학 신학대학원의 초빙교수가 된다.

1968년

그레마스(Greimas) 세미나에 초청되어 기호학과 해석학 사이의 관계를 놓고 토론한다. 참석자들 간의 '우정 어린 논쟁'으로 유명해진다. 5월 26일 학생들의 소요 사태로 낭테르 대학이 문을 닫는다. 학생들과 같은 길을 가지 않았지만 기본적으로 그들의 생각에 동조한다. 시카고 대학에서 정규 강좌를 열면서 엘리아데와 공동 세미나를 개최한다.

1969년

『해석의 갈등』을 출간한다. 4월 18일 낭테르 대학 학장으로 선출되고 조건부로 수락한다. 콜레주 드 프랑스(Collège de France)에서 가졌던 푸코를 비판하는 강연이 성공을 거두지 못한다. 11월 30일 장 이폴리트의 뒤를 잇는 사상사 교수직 선출에서 미셸 푸코에게 21:9로 진다.

1970년

1월 마오주의를 지지하던 학생들이 리쾨르의 사상을 종교적이고 신비적이라고 공격한다. 낭테르 대학의 한 학생이 학교 책임자인 리쾨르의 뺨을 때리고 머리에 쓰레기통을 씌운다(이 학생은 1991년에 자진 신분을 밝히고 리쾨르에게 사과한다). 3월 16일 낭테르 대학 학장직을 사임한다. 파리 10대학 교수직에 있으면서 폴 틸리히의 뒤를 이어 시카고 대학 디비니티 스쿨의 철학적 신학 담당 석좌교수직을 수락한다(1992년까지 재직). 한나 아렌트의 소개로 철학부에서도 가르친다. 시카고에 위치한 록펠러 교회에서 주일날 성서 강연을 한다. 미국에서 『프로이트와 철학 *Freud and philosophy*』을 출간하여 큰 성공을 거둔다.

1971년

몬트리올 대학에서 은유 문제를 놓고 데리다와 논쟁한다.

1974년

『형이상학과 도덕 *Revue de métaphysique et de morale*』지의 편집 책임을 맡고 세계적인 학술지로 키운다.

1975년

『생생한 은유 *La métaphore vive*』(Seuil, Paris)가 출간된다.

1976년

가다머의 『진리와 방법』을 출판사 요청으로 리쾨르가 분량을 줄이고 사크르(E. Sacre)가 번역하여 출간한다(이후 1996년에 완역). 하이데거의 『존재와 시간』이후 가장 주목

받는 독일 책이리는 평가를 받는다.

1980년

아일랜드 대학에서 "하이데거와 신에 관한 물음 Heidegger et la question de Dieu" 이라는 주제로 리차드 커니(R. Kearney)가 개최한 학술대회에 참석한다. 하이데거 쪽은 보프레(J. Beaufret), 페디에(Fédier) 등이고, 그 반대쪽은 레비나스, 마리옹(J. L. Marion), 브르통, 장 그레이시 등이다. 대회 개막 연설에서 하이데거를 비판한다.

1983년

『시간과 이야기 *Temps et Récit*』(Seuil, Paris) 1권을 출간한다. 이 책은 구조주의가 쇠퇴할 무렵인 1980년대에 프랑스와 미국에서 큰 반향을 불러일으키고 그의 복귀를 알리는 신호탄 역할을 한다. 이 책이 출판되자 르몽드를 비롯하여 수많은 언론이 그의 사상을 소개하고 인터뷰를 가진다.

1985년

『시간과 이야기』(Seuil, Paris) 2권과 3권이 출간된다.

1986년

『텍스트에서 행동으로 2 *Du texte a l'action Essais d'herméneutique II*』(Seuil, Paris)가 출간된다.

1987년

세브르센터와 퐁피두센터에서 리쾨르에게 경의를 표하는

학술대회를 개최하여 리쾨르 해석학이 갖는 정치철학적 의미에 집중한다(『에스프리』지는 1988년 8월호 전면을 이 학술대회 내용으로 꾸민다).

1988년

장 그레이시와 리차드 커니가 스리지에서 "해석학적 이성의 발전 Les métamorphose de la raison herméneutique"이라는 주제로 학술대회를 개최하여 리쾨르 사상의 주요 개념을 검토한다. 후일 책으로 출간된다.

1990년

『한 타자로서 자기 자신 Soi-même comme un autre』(Seuil, Paris)을 출간한다. 이 책을 올리비에 몽쟁은 철학서 『폴 리쾨르 Paul Ricœur』에서 리쾨르의 모든 생각을 총괄하는 책이라고 평가한다.

1991년

『읽기 1: 정치를 중심으로 Lectures 1: au tour du politique』(Seuil, Paris)를 출간한다.

1992년

『읽기 2: 철학자들의 세계 Lectures 2: La contrée des philosophies』(Seuil, Paris)를 출간한다.

1994년

『읽기 3: 철학의 경계에서 Lectures 3: aux frontières de la

philosophie』(Seuil, Paris)를 출간한다.

1995년

『정의로움 *Le Juste*』(Esprit, Paris)을 출간한다. 롤즈의 『사회 정의론』을 나름대로 평가하고 법철학적 사유를 보인다.『되돌아보건대 *Réflexion faite*』(Esprit, Paris)를 출간한다. 직접 쓴 지적 자서전으로서 현대 프랑스 철학의 풍경을 살펴보는 데 유용하며, 그의 학문적 여정에 대한 자신의 입장과 관점이 담겨 있다.

1997년

『이데올로기와 유토피아 *L'idéologie et l'utopie*』(Seuil, Paris)를 출간한다. 다른 정치철학자에 대한 리쾨르의 독서와 견해가 담긴 유용한 책으로 평가된다.

1998년

『현상학파 *A l'école de la phénoménologie*』(Vrin, Paris)를 출간한다. 시카고 대학 신학대학원 구약학 교수인 라콕크 (André Lacoxque)와 함께 『성경을 생각함 *Penser la Bible*』 (Seuil, Paris)을 출간한다. 라콕크가 주석하고 리쾨르가 철학적 의미를 붙인다.

1999년

『성서해석학 *Herméneutique biblique*』(Cerf, Paris), 『우리를 생각하게 하는 것: 자연과 규범 *Ce qui nous fait penser:*

la Nature et la Règle』(Odile Jacob)을 출간한다. 유명한 신경의학자이자 두뇌의학자인 쟝 피에르 샹즈(Jean-Pierre changeux)와의 대화를 책으로 펴낸다.

2000년

마지막 대작 『기억, 역사, 망각 *La Mémoire, l'histoite et l'oubli*』(P.U.F., Paris)을 출간한다. 『에스프리』지 8, 9월호에 이 저작에 관한 특집이 수록된다.

2001년

『정의로움 2 *Le Juste II*』(Esprit, Paris)을 출간한다.

2003년

『번역에 관하여 *Sur la traduction*』(Bayard, Paris)를 출간한다.

2004년

『인정의 여정 *Parcours de la Reconnaissance*』(Stock, Paris)을 출간한다.

2005년

5월 19일과 20일 밤사이에 자택에서 타계한다.

부록

리쾨르와 코기토[1]

    회고적으로 관찰해보건대, 가끔 한 철학자의 탄생이 한 시대의 시작을 알리는 징후로 읽히기도 한다. 최근의 서양으로 한정한다면 많은 논란이 있을 수 있겠지만, 마르크스와 니체, 프로이트의 등장으로 아마도 새로운 시대, 아니 적어도 사유의 차원에서 새로운 도약이 있었음을 부인하기 어려울 것이다. 새로운 철학적 담론 공간의 형성이라는 관점에서 보면 이들은 데카르트나 칸트, 헤겔의 업적에 필적할지도 모른다. 혹자는 철학적 엄밀성이나 심원함을 감안하여 별 거리낌 없이 후설이나 하이데거, 비트켄슈타인을 이런 '의심의 대가들' [2] 옆에 혹은 뒤이어 놓기도 한다. 최근의 타계[3]로 우리에게 그 철학적 자리 매김을 요구하는 철학자 폴 리쾨르의 사유 역시 근대의 정초자(定礎者)와 탈근대의 주창지로 받아들여지는 이들과 현상학적 운동의 대가들을 씨줄로 삼고, 이들에 대한 수용과 갈등 그리고 대면과 조정이라는 날줄로 엮어 만든 직조물로 구성되어 있다.

하지만 일단 텍스트를 열고 그 안을 들여다본 실제의 철학적 풍경은 이런 지도상의 철학적 좌표 및 거리 관계와 사뭇 다를 수 있다. 실제의 풍경만이 지도의 진정한 토대이고 근거이지만, 그렇다고 해서 지도가 담고 있는 기호들과 그 판독이 주는 정보의 필요성을 부정할 수는 없을 것이다. 지도는 사태에 비추어보았을 때 불충분한 것이지 그 사태를 이해하는 데 불필요한 것은 아니다. 지도는 풍경을 안내하고, 복수적인 풍경은 여러 개의 지도를 다시 만든다. 필자가 그려내고자 하는 것은 그 여러 개의 지도 중의 하나이다. 그것도 리쾨르가 코기토(Cogito)와 취한 근거리와 원거리의 여정들을 중심으로 한 아주 큰 그물코의 지도를 그려내고자 할 뿐이다.

탈육화된(déincarné) 코기토와 완결된(intégral) 코기토 사이에서

앞으로 있을 많은 개연적 이론(異論)에도 불구하고 리쾨르의 타계는 그의 사상과 철학을 초기, 중기, 말기[4]로 나눌 수도 있도록 길을 열어놓았다. 독자들의 편의를 위한 구분이 되겠지만 그렇다고 아주 자의적인 구분일 수는 없을 것이다.

만 4년간(1940~1945)의 독일군 치하의 포로 생활 중 미켈 듀프렌느(Mikel Dufrenne)와 함께 작업한 저작들[5]을 제외한다면, 리쾨르의 독자적인 첫 주저는 1950년의 『의지의 철학 1: 의지적인 것과 의지적이지 않은 것 *Philosophie de la volonté I: Le volontaire et l' involontaire*』[6]이다. 이 책은 리쾨르의 저작(공저도 포함)들 중에서 가장 덜 읽혔고, 따라서 그 평가도 미미하다.

이 저작에서 리쾨르는 데카르트적인 코기토의 근본적인 경향을 "자기 - 정립"(자립, auto-position)[7]이라고 비판적으로 규정한다. 코기토는 데카르트가 규정하는 실체(substance) 개념에 부합되게 스스로의 정립을 위해 타자를 필요로 하지 않는 존재자로서 그 뿌리인 신체뿐 아니라, 언어를 통한 상호주관성의 구성도, 타자들의 지속적인 관계를 가능하게 하는 제도의 매개도 요구하지 않고 있다. 이 첫 주저에서 언어와 타자 및 제도에 대한 언급이 없지는 않지만 방법론적 제약과 한계[8] 때문에 이런 미래의 테마들은 거의 무시되거나 은폐되고 만다.

인간의 신체적 조건에 대한 성찰을 테마로 삼고 있는 이 저작에서 가장 비판적으로 언급한 표적은 인간 실존에 대한 철저한 강조에도 불구하고 그 신체성을 제대로 고려하지 않았던 하이데거나 사르트르보다는 오히려 더 거슬러 올라가 데카르트에게로 귀착된다. 이는 데카르트의 코기토가 그 자신의 신체를 연장(延長)으로 취급하여, 이 신체를 배제하는 자기 정립적 코기토(Le Cogito qui se pose)라는 개념적 착상을 서양의 사유사에 심어놓은 출발점에 놓여 있기 때문이다. 이런 점에서 데카르트의 코기토는 데카르트 이후의 소위 주체 철학들의 본적지로 불릴 만하다. 물론 데카르트는 정념(情念)이나 감각 활동 그리고 일상적 삶에서 신체-영혼의 결합의 중요한 계기들을 현상적으로 목도하면서도, 그가 무엇보다도 우선시했던 명석하고 판명한 관념에 대한 준엄한 요구와 참된 인식의 집요한 추구는 그로 하여금 그런 합일의 체험들을 정합적으로 그리고 주제적으로 받아들일 수 없도록 방해했다. 진리 추구의 인식론에 대한 열망이 사태 기술의 암묵적 현상학을 억압했다고 하겠다.

메를로-퐁티가 지각이라는 활동 영역에서 이 결합과 합일의 체험을 분석했다면, 리쾨르는 의지 활동의 차원에서 이를 기술하고 있다고 해야 할 것이다. 적어도 이런 맥락에서 리쾨르는 데카르트적인 코기토의 탈(脫)육체적 경향성과는 상당히 '원거리'에 서 있다. 좀 더 과장되게 말한다면 리쾨르의 철학은 데카르트적인 코기토의 '어떤 결핍과 부재'를 비판적으로 명료화하는 작업이라고도 할 수 있을 정도이다. 코기토가 지닌 자기 직관적 반성력과 직접적 자기 이해력을 비판적으로 극복하기 위해 리쾨르는 나중에 언어기호들의 세계에 의해 "매개된 코기토"(Cogito médiatisé)[9] 를 창안하고, 유아론적이고 탈시간적이고 점적(點的)인 코기토 개념의 대안으로 통(通)인칭적(omni-personnel)이며, 이야기를 통한 동일성이나 정체성(l'identité narrative)[10]을 함축하는 새로운 주체의 범주[11]를 제안하기도 한다.

하지만 또 다른 관점에서 보자면 리쾨르는 이 첫 주저에서 탈육화(脫肉化)된 코기토 대신에 완결(完結)된 코기토[12], 즉 신체를 전적으로 포함하는 포괄적인 코기토를 해명하는 것을 목표로 하기 때문에 오히려 데카르트에 의해 '사유되지 못한 것'(l'impensé)의 발견과 계승에 치중한다고 볼 수도 있을 것이다. '근거리를 비켜 원거리로 우회'함으로써 데카르트의 1인칭적 '코기토[13]'를 보다 완결적으로 복원'하려는 것이 리쾨르의 작업인지도 모른다.

그래서인지 이 첫 주저에서 리쾨르는 "주체 철학"[14] 또는 "진정한 주체" 또는 "주관성의 진정한 형이상학"[15]이라는 표현을 별 주저 없이 사용하고 있다. 비록 이런 개념들과의 친화성이 리쾨르의 말기 작업에서 의도적으로 비판되고 경원시되는 것이 사실이라 하더라도 그의 작업이 데카르트적 코기토의 궤도와 유리된 것이 아님은 분명하다. 그런 점에서 그는 여전히 반성철학(la philosophie réflexive)[16]의 계보와 전통에 속한 철학자임을 부인하기 어렵다.

그러나 앞서의 원근(遠近) 관계에 대한 논의를 우리가 모두 인정한다 하더라도 데카르트적인 코기토와의 심원한 거리 두기가 없는 것은 아니다. 신체를 통한 코기토의 완결성에 대한 리쾨르의 시도와 데카르트적 코기토의 인식 근거적, 인식 토대적인 야망, 다시 말해 최종적인 인식 근거의 야망 사이에는 애초부터 심연이 놓여 있었다. 그렇기 때문에 리쾨르가 데카르트의 인식 이론적 성찰의 극단적인 철저화라고 부를 수 있는 후설의 초월적 환원의 길을 따르지 않는 것은 결코 우연이 아니다. 모든 존재자의 의미가 코기토에서 해명되는 것이 사실일지라도 코기토가 그 모든 의미를 구성하는 지반은 아니라는 것이다. 오히려 의미는 선(先)코기토적으로, 그리고 비록 비(非)주제적일지라도 이미 주어져 있다는 것이 사태적으로 더 옳아 보인다. 이런 점에서 리쾨르는 근대 철학의 유산과는 어느 정도 결별한다고 본다. 그렇다고 해서 주체에 대한 새로운 개념적 착상이나 범주 자체를 포기하는 것은 아니다. 오히려 집요함(?)에 가까운 천착을 보여주고 있어 소위 탈근대주의자들과도 확연히 구별된다. 이 미묘한 원근의 놀이는 리쾨르의 중기 작업에서 더 한층 심화되고 더 멀리 나아간다.

직접적(immédiat) 코기토 비판과 매개된(médiatisé) 코기 토 옹호

1960년대를 전후한 철학계의 '언어적 전회'라는 지각변동을 비켜갈 철학 운동은 없었다. 어떻게 보면 후기 비트겐슈타인 철학과 영미 일상 언어학파, 후기 하이데거의 논의들, 구조적 언어학의 등장, 그리고 그 철학적 변형으로서의 구조주의의 일반 부흥 등은 리쾨르 중기 철학의 외재적 환경들이다. 마찬가지로 언어에 대한 해석학적 관심을 유도하고 있는 내재적 인자를 간과할 수는 없는 일이다.

인간의 의지 활동이라는 사태에 대한 본질을 기술하는 형상적 현상학의 한계는 그 방법론의 성과와 함께 거의 동시적으로 감지되었다. 형상적 현상학의 본질 환원의 방법으로는 실제적인 잘못과 악의 현실적 가능성을 지닌 인간 의지를 탐구하는 데 한계를 가지게 된다. 즉, 의지의 불투명성과 불충전성을 독해해낼 수 없다는 것이다. 다양한 이유와 계기들 때문에 이미 악에 처한 인간 의지에 대한 분석은 악의 상징과 신화들의 해석을 필요로 했으며, 그래서 1960년에 『악의 상징 *La symbolique du mal*』[17]이 의지 철학 시리즈의 두 번째 출판물로 탄생하고, 욕망의 원초적 정립이 인간 사유의 의식적 정립보다 더 우선적이고 본래적이라는 점을 근본 테제로 하는 『해석에 관하여: 프로이트 시론 *De l'interprétation: essai sur Freud*』[18]이 1965년에 독립된 저작으로 출간되었다.

『악의 상징』의 결론에 나오는 그 유명한 경구인 "상징이 사유를 불러일으킨다"와 1965년 프로이트와의 철학적 대화를 담은 저서의 서론에 등장하는 "larvatus prodeo"[19]가 함의하는 바를 데카르트적 코기토와 관련해서 살펴본다면 다음과 같은 두 가지 점에서 명백하다.

한편으로는 '내가 사유한다' 기보다는 상징 언어의 의미론적 충만성이 오히려 인간에게 그 의미를 사유하도록 자극한다는 것이고, 또 한편으로는 사유하는 나의 존재함은 필증적(必證的)이지만 반드시 충전적(充全的)[20]이지만은 않다는 것이다. 다시 말해 인간은 상징적 언어들의 의미 충만성에 의해 "불려 세워진 주체"(sujet interpellé)[21]가 되며, 자신의 욕망이라는 선(先)반성적 차원 때문에 데카르트가 『철학의 원리』에서 말하는 "직접적인 자기 파악"은 더 이상 유효하지 않다는 것이다. 사물에 대한 의심을 통해 코기토의 확실성과 투명성을 확보하는 것이 데카르트의 전략이었다.

하지만 세계의 참된 시작점, 아르키메데스 점으로서의 코기토가 확보된다 해도 전제 없는 출발점, 조건 없는 시작점은 없다는 것이 리쾨르의 입장이다. 철학에서 출발점을 찾는 것이 잘못이 아니라 전제 없는 출발점을 구하는 것이 문제인 것이다. 리쾨르의 연구 영역에서 보자면 그 전제란 성스러운 존재와 그 기호들, 그리고 인간의 불투명한 무의식적 욕망과 그 언어들이다. 또 한 번 리쾨르의 철학은 데카르트의 직접적인 코기토와 그 불충전성에 대한 인정을 하면서, 그런 기만적일 수 있는 의식에 대한 포기야말로 상징 언어의 해석학적 이해와 동시적이라고 말함으로써 데카르트적 코기토와 다시 또 한 번 원거리를 취하게 된다.

데카르트적 코기토에 대한 이런 문제 제기적 상황에 대한 아주 그럴듯한 명명들이 리쾨르에 의해 규정되어 회자되고 있는데, 이른바 "상처받은 코기토"(Cogito blessé)[22] 또는 "유산된 코기토"(Cogito avorté)[23] 등이다. 후자의 명명은 들뢰즈가 1968년 『차이와 반복』[24]에서 리쾨르의 의도와는 조금은 다른 방향으로 독해하기도 하지만, 결국 프로이트가 발견한 충동에 의해 공격당하여 직접적인 의식의 환상과 거짓 그리고 그 불충전성을 고백할 수밖에 없는 상처 입은 코기토를 다르게 명명한 것이다. 후설이 '의식에로의 환원'을 말함으로써 과찬(過讚)된 코기토의 방향에 서 있다면, 프로이트는 무의식이라는 심급(審級)의 발견과 더불어 '의식에 대한 환원'을 제기함으로써 코기토에 대한 내면적 상처를 강요한다고 볼 수 있을 것이다.

또한 리쾨르는 이 상처가 주는 고행과 금욕을 기꺼이 반성철학과 현상학의 해석학적 변형으로 수용하고 감내함으로써 새로운 현대 철학의 방향을 열어나가고자 한다. 라캉과 그 추종자들이 "유심론"(spritualism)[25]이라고 거칠게 그리고 격렬하게 폄하한 리쾨르의 1965년 프로이트론이 과연 어떤 학문적 이유에서 그런 평가를 받아야 하는지는 여전히 의문부호로 남는다. 다만 리쾨르는 환원적이고 우상 파괴적인 프로이트류의 해석 활동이 요구하는 고된 훈련의 생산적이고 긍정적인 이점을 살리고자 했을 뿐이다.

그래서 프로이트의 정신분석학적 담론에 대한 리쾨르의 모든 지적·이론적 개입은 철학자로서이지 정신분석가로서가 아니다. "주체의 고고학"[26]이라는 프로이트적 담론의 주체 철학적 함의가 더 중요한 것이지, 철학자로서의 자격과 권한을 넘어서서 새로운 정신분석 경험을 제시함으로써 정신분석학 내의 새로운 지형도를 짜고 그런 흐름을 생성하는 작업과는 거리가 먼 것이었다. 아마도 프로이트와 더불어 우리는 의식이 아무런 문제없이 기득권적으로 의미의 담지자라는 점을 이제는 받아들일 수 없게 되었다.

오히려 그 의식은 (욕망에 의해) 기만당하기에 (무의식에 의해) 누락되고 삭제된 하나의 텍스트와 같은 것이어서, 의식화 또는 "의식 - 되기"(devenir-conscient)[27]는 하나의 숙제이자 과업이 된다. 바로 이 지점에서 나의 존재와 나의 사유 사이에서 추구되는 강렬한 동일성의 데카르트적인 열망은 좌초된다고 말할 수 있을지 모른다. 나는 내가 믿고 사유하는 대로의 내가 아니다. 사유와 존재 사이의 심연이 무의식적인 욕망에 의해 갈라진다. 하지만 갈라진 그 내면의 땅들은 아직 두동강 나지 않았다. 특히 정신분석의 실제와 목표에 비추어 보아 무의식이 의식의 절대적 타자이고 전적으로 이질적이라면, 욕망 언어에 대한 징후적 해독 활동은 무의미하고 무가치할지도 모른다. 오히려 이 둘은 서로에게 상대적 타자[28]일 것이다. 따라서 어떻게 보면 정신분석은 의식에로의 복귀나 귀환으로 파악될 수도 있다. 이때의 의식은 욕망의 끔찍한 현실성과 위력에 의해 훈련받고 가르침을 받은 중재된(médiate) 의식일 것이다. 이처럼 "의식의 장(場) 확장"[29]이나 "진정한 코기토"[30]에 대한 리쾨르의 긍정적인 언급은 데카르트적인 코기토와의 원근 놀이에서 또 하나의 첨예한 지점을 보여준다고 하겠다.

    아마도 상징 언어의 영역만이 유독 코기토의 직접성과 불충전성을 매개하여 보다 구체적이고 보다 진실한 인간의 자기 이해[31]에 근접할 수 있다고 믿는다면 이는 좀 과장된 것이다. 그 이유는 인간의 언어활동의 층위가 그만큼 다양하고 심원하기 때문이다. 다시 말해 해석학적 의미 분석의 대상이 되는 종교적 체험 언어나 신화, 또는 정신분석적 상황에 처한 환자의 이야기만이 코기토의 매개 과정을 구성하는 것이 아니기 때문이다. 문화 전반에 대한 프로이트의 해석학과 종교 현상학의 의미 분석이 언어의 문제틀 속에 포섭되는 것이지 그 반대는 아니다.

언어학의 연구 대상으로의 언어의 구성 요소 수준에서 보자면, 상징은 그 다양한 출현 영역과 무관하게 여전히 단어(mot) 차원의 언어 요소이다. 상징을 넘어서 더 나아가 리쾨르가 탐구한 벤베니스트적인 의미의 담화(discours)나 은유는 적어도 초보적인 문장(phrase) 수준의 언어 요소이다. 신화역시 단어 수준의 상징들로 이루어진 초보적 문장들의 결합체로 충분히 파악될 수 있을 것이다. 레비스트로스의 신화소(神話素)도 이와 다름없다. 상징 언어와 그 이해가 코기토가 이미 존재 속에 있는 것이지 그 역이 아니라는 점을 밝혀주고 또 의식의 자기 정립 이전에 욕망의 전(前)반성적 정립이 더 우선적이라는 함의를 해명하는 인간 언어활동의 한 국면이라면, 소쉬르의 기호언어학에 대항하는 벤베니스트의 담화언어학은 발화 청자와 화자(또는 주체들), 음운론에 환원되지 않는의미들, 음소들의 구조적이고 폐쇄적인 결합 체계의 외부에 엄존하는 지시(대상적) 관계(référence) 등을 복원한다. 바로이 4가지 요소의 발견과 재강조는 리쾨르가 구조언어학과의 수용과 대면을 통해 얻은 최소한의 성과라고 볼 수 있다.

결국 리쾨르는 언어학의 연구 대상으로서의 언어적 구성요소들이 가진 변동과 그 층위를 보다 엄밀하게 주목하면서, 구조언어학에서의 '음소→형태소→어휘소'로의 발전에 상응하는 '단어→문장→복수문장의 결합'을 대면시키고, '상징→담화(은유)→텍스트'라는 코기토를 매개하는 언어적 요소의 장을 확장시켜왔다고 볼 수 있다. 매개된 코기토의 매개 과정을 뒷받침하는 언어 요소가 텍스트로 확대됨으로써 그것이 코기토와 주체에 대한 문제틀에 끼치는 영향력은 훨씬 복잡해진 형편이다. "해석학적 우회의 확장"이라고 한마디로 규정할 수 있겠지만 데카르트적인 코기토와의 원근 관계에서 보자면, 텍스트에 비추어보거나 매개되지 않은 인간 주체의 직접적인 자기 이해나 직관적인 자기 인식이란 더 이상 신뢰할 수 없다는 것이다. 텍스트의 의미에 대한 지배자나 주인 노릇 하는 주체나 코기토가 아니라, 오히려 텍스트 앞에서 이것에 비추어보아 자기 자신의 이해를 구하는 것이 더 근본적인 철학적 문제가 된다. 리쾨르는 그 새로운 문제적 상황의 주체를 "텍스트의 제자로서의 자기"(le soi, disciple du texte)[32]라고 명한다.

자립하는 코기토(Le Cogito qui se pose)도 해체된 코기토(Le Cogito brisé)[33]도 아닌, 새로운 주체(?)를 찾아서

아마도 철학자의 나이가 희수(喜壽)에 이르고 그럴 만한 지적 정연함과 육체적 능력이 건재하다면, 자신이 천착해온 철학적 여정, 문제들에 회고적 반성, 전체적인 전망, 새로운 조감 등을 담아볼 수 있을 것이다. 이런 작업의 성과물이 리쾨르의 1990년도 저작『한 타자로서의 자기 자신』이다. 푸코의『말과 사물』과 들뢰즈의『차이와 반복』에 견줄 만한 리쾨르의 저작이 있다면 1950년의『의지의 철학 1: 의지적인 것과 의지적이지 않은 것』과 위의 저작을 들 수 있다. 언급한 철학자들 간의 상호 비교적 관점을 반드시 고집하지 않는다면, 그래서 적어도 각 철학자들의 연구 작업 내에서 각각의 저작들이 차지하는 위치나 중요성을 감안한다면, 그렇게 말하는 것이 부당하지는 않을 것이다.

아마도 독자들은 철학자 리쾨르가 아무리 원거리 관계를 취한다 해도 데카르트적인 코기토와의 단절보다는 비판적 계승에 더 힘을 쏟고 있다는 인상을 갖게 될 것이다. 부분적으로는 옳은 판단이다. 그는 포스트모던(postmodern)이라는 유행하는 형용에 큰 반감을 갖고 있는 듯 보인다. 그러니까 근대는 미완의 기획이지 칸트나 헤겔의 마감과 더불어 종결된다고 생각지 않는다는 것이다. 다만 그는 우리가 데카르트 이래로 칸트나 피히테를 거쳐『데카르트적 성찰』이 후설에 이르는 데카르트적 코기토 전통들의 "최종적 근거화의 야망"(ambition de fondation dernière)[34)]의 길에 빠져들 필요가 없는 것과 마찬가지로, 프로이트 그리고 니체와 그 프랑스 계승자들에 의해 제기되는 해체된 코기토의 길, 그 지위가 강등된 코기토의 길을 선택할 필요가 없다는 것을 보여주고자 할 뿐이다. 과찬이냐 강등이냐의 양자택일을 거부하면서 새로운 주체 범주의 설정이 어떻게 가능할까가 바로 1990년 저작의 가장 큰 문제의식일 것이다.

데카르트적 코기토와의 거리 설정 문제를 다루는 우리의 관심사에서 보자면 가장 원거리를 취하는 결단이 철학자 리쾨르에 의해 이 저작에서 이루어졌다. 사실 1990년 이전 작업에서는 계속되는 해석학의 우회적 운동을 통해 새롭게 부활된 코기토에로의 귀환을 염두에 둔 듯하지만, 1990년을 기점으로 이런 태도를 거의 포기한 것처럼 보이기 때문이다. 일례로 리쾨르는 자신의 새로운 주체 범주를 설정하기 위해 더 이상 "코기토"라는 표현을 자신의 입장을 지지하기 위해 사용하지 않는다. 지칭의 불가피성 때문에 "주체"(sujet)라는 개념을 사용하지만, 관용어처럼 쓰이는 "주체 철학들"(philosophies du sujet)이라는 표현을 "코기토 철학들"(philosophies du Cogito)과 동의어로 간주할 정도이다.[35]

"온갖 대화의 철학자"[36]라는 사후적 평가를 받았지만 논쟁(polémique), 더구나 공격적인 논쟁과는 거리가 멀었던 리쾨르는 동시대 철학자(푸코와 들뢰즈)에 대한 깊은 감탄의 마음[37] 때문인지, 아니면 그들과 이론적 성찰의 시간적 거리를 갖기 위해서인지는 분명하지 않지만 코기토의 해체를 가장 격렬한 방식으로 주장한 철학자로서 니체를 자신의 1990년 저작에서 상론한다.[38]

　하지만 우리의 의도에서 보자면 리쾨르가 어떤 점에서 데카르트의 코기토에 대해 돌아올 수 없는 간격을 취하는지가 더욱 중요할 것이다. 결론부터 말하자면 데카르트의 코기토는 그가 주도하는 "극도로 과장된"(hyperbolique)[39] 특성을 지닌 의심하는 성격 때문에, 자기 신체(le corps propre)만이 지닐 수 있는 시·공간적 좌표를 벗어던짐으로써 구체적으로 실존하는 한 개인(personne)[40]이 될 수 없는 것이다.[41] 더 나아가 데카르트는 강한 실체론적 입장을 견지하기에 그의 코기토는 "사유하는 어떤 것"(une chose qui pense)이지, 타자와 담화를 교환하고 행위를 주도하는 "누구"(qui)도 아니며, 그 행위의 상대자가 될 수 있는 누구도 아니며, 한 인간의 진술한 이야기 속에 등장하는 인물(personnage)이 될 수도 있는 그 누구도 아니며, 윤리적·도덕적 술어의 차원에서 행위의 귀책(歸責, imputation)을 물을 수 있는 그 누구도 아닌 것이다. 또한 데카르트의 코기토는 너무나 강한 1인칭 중심의 코기토이기에, '나' 뿐만 아니라 '너', '그/그녀(들)', 심지어는 '각자'(chacun)의 주체성을 지칭할 수 없을 뿐 아니라 그 사이의 소통 가능성의 차단 때문에 늘 유아론(幼兒論)의 혐의를 벗어날 수도 없다.

그렇다면 리쾨르가 추구하는 새로운 주체의 모습은 데카르트적인 이런 코기토의 모습들의 대척점에 있는 주체일 것이다. 자신에게 속한 고유한 신체를 자각하기에 "나는 나의 몸"이라고 말하는 주체일 것이며, 그 자각이 그 자신에게만 있지 않은 것을 자각하기에 "너는 너의 몸"이라고 말하는 자일 것이며, 담화의 교환 속에서 '나'(je)는 내가 취할 수도 있고 상대방인 '너'(또는 그/그녀)가 사용할 수도 있음을 자각하는 그 '누구'(qui)이자 다른 누구를 '내'가 말하는 내 인생의 이야기 속에 등장시킬 수 있음을 알기에 '나' 역시 '너'(또는 그/그녀)의 인생 이야기에 등장할 수 있는 한 인물에 불과할 수밖에 없다는 사실을 자각하는 주체이자 다양한 행위 속에서 타자와 마주함으로써 '~하는 행위자가 바로 나'라는 사실을 깨닫는 주체일 것이다.

달리 표현하자면 신체적이기에 죽을 수밖에 없으며, 이미 그리고 늘 타자와 대화의 상황이 드러내는 '나-너' 관계의 동근원성(同根源性)과 동시성(同時性)을 알기에 탈유아론적이며, 인생 이야기 속에서 등장인물 됨의 상호성 때문에 각자의 자기 이해는 늘 해석적일 수밖에 없고 타자 의존적일 수밖에 없으며, 타자와 내가 교환적으로 책임의 자리에 설 수 있기 때문에 행위의 능동성뿐 아니라 그 행위의 수동적 결과에 민감할 수밖에 없는 주체일 것이다. 리쾨르가 이런 주체를 무엇으로 명명[42]하든 큰 문제될 것 같지는 않다. 다만 이런 주체가 데카르트의 코기토와 가장 원거리에 있다는 사실이 중요하고, 그렇다고 니체와 그 계승자들의 공격에 해체당하는 코기토와 같은 문제 지평에 놓여 있지도 않다는 점이 중요한 것이다.

결론적으로 코기토에 대한 리쾨르의 사유는 코기토와 그 체험의 내부에서 모든 것을 길어 올릴 필요도 없고 또 그럴 수도 없다는 입장이며, 동시에 그렇다고 해서 코기토의 외부와 그 조건에로 이 코기토를 환원하는 작업과도 거리를 두는 입장이다. 달리 표현하자면 나의 사유함(le je pense)이 나의 존재함(le je suis)보다 우월한 사태라는 것이 데카르트의 입장이라면, 나의 존재함―리쾨르에게서는 보다 구체적으로 몸에 근거한 의지하기, 상징 읽기, 말 주고받기, 이야기하기, 윤리적으로 행위 하기 등이다―이 나의 사유함보다 우선하고 그것을 넘어선다는 것이 리쾨르의 입장이다. 그렇다고 해서 극단의 반(反)표상적이거나 반(反)재현적인 포스트모던적 테제에 동의하는 것은 아니다. 사유와 존재 사이의 불일치 또는 사유로부터의 존재의 탈주를 주목하고자 하는 것이지, 대상화하고 표상하는 사유의 무용성을 주장하는 것은 아니다.

1부

1) *Philosophie de la volonté I*, p.354.

2) Paul Ricœur, "Langage(philosophies du)" (언어철학), *Encyclopedia Universalis*, 1971, pp.442~443.

3) 리쾨르의 첫 주저인 *Philosophie de la volonté I*(『의지의 철학』, 1950)의 부제가 "의지적인 것과 의지할 수 없는 것"으로 되어 있다. 이런 점에서 작가의 학문적 작업과 개인의 주관적 체험은 비록 그 방식은 매우 다양할지라도 상당한 정도로 서로 공명(共鳴)한다.

4) *Heidegger et le nazisme* (『하이데거와 나치즘』),Verdier, 1987.

5) 『폴 리쾨르-삶의 의미들』, 프랑스와 도스, 이봉지·한택수·선미라·김지혜 옮김, 동문선, 2005.

6) 동일한 제목으로 동문선에서 1998, 2002, 2003년에 완역되었다. 이 분야에서 단연코 압도적인 중요성을 차지하는 문헌이다.

7) *L'Herne Ricœur,* L'Herne, 2004, p.21. 리쾨르와의 가장 최근 대담이 실려 있고, 그에 관한 여러 철학자의 회고와 논문들이 실려 있다. 그중에서 데리다의 글 pp.19~25 참고.

8) 마르크스와 알튀세를 비중 있게 다룬 강연 모음집 형태의 저작으로는 *L'Idéologie et L'Utopie,* Seuil, 1997.

9) 이종훈 옮김, 철학과현실사.

10) *L'Herne Ricœur,* L'Herne, p.22.

11) 리쾨르, 『역사와 진리』, 박건택 옮김, 솔로몬, 2002.

12) *L'Herne Ricœur,* L'Herne, p.24.

13) 이기상·구연상, 『『존재와 시간』 용어해설』, 까치, 1998. p.131.

2부

1) 성격에 대한 논의로는 필자의 졸저 『폴 리쾨르의 철학』, 철학과 현실사, 2004, pp.38~39 참고.

2) *Philosophie de la volonté* I, p.354.

3) *De l'interprétation: essai sur Freud*, Paris, Seuil, p.39.

4) 이 인식론은 인식 주체의 내부적인 능력과 선험적인 조건에서 다루는 인식론과는 다른 인식론으로서 다양한 자연 및 인간과학(sciences naturelles et humaines)의 중요한 성과와 원리를 비판적으로 검토하는 메타과학적 성격을 띤 인식론이라 할 수 있을 것이다. 실상 프랑스에서 인식론적 전통은 바슐라르나 캉길렘, 푸코, 알튀세, 세르 같은 전형적인 과학철학 및 인식론자들의 전유물은 아니다. 가장 비인식론적이라고 오해받을 수도 있는 프랑스를 대표하는 현상학자인 메를로-퐁티의 저작들은 오히려 자연과학과 인간과학의 인식론적 성과와 그 공헌에 대한 비판적 검토가 그들 작업의 출발점을 이루고 있다는 것을 보여준다. 생리학과 실험심리학에 대한 참조 없이는 메를로-퐁티의 『행동의 구조』와 『지각의 현상학』을 제대로 독해하기 어렵다. 우리의 철학자 리쾨르는 정신분석학과 언어학 방법론과 성과들을 간과한 채 그의 현상학 및 해석학적 작업을 소화해내기란 거의 불가능에 가깝다. 반면 같은 현상학 계열의 사르트르는 이 점에서 거의 예외적이다. 과연 왜 그럴까?

5) 이하의 논의는 필자의 졸저 『폴 리쾨르의 철학』 중에서 7장[신화와 해석학: 그 만남의 전후(前後)]의 논의를 벗어나지 않으면서 부분적으로 보충했다.

6) *Esprit*, 2004, jnvier(1월호), "Autours de la *Pensée sauvage*. Réponses à quelques questions", p.179. 이 대담은 레비스트로스가 대외비로 하길 원해 당시에는 출간하지 못하다가 최근에야 빛을 보게 되었는데 이 점 또한 흥미로운 사실이다.

7) 이 꿈의 작업들의 첫 번째로 '검열'을 들 수가 있는데 이것은 이 용어가 가진 정치적이고 사회적인 의미와 거의 유사하다. 정치 권력자들이 자신의 권력을 더욱 굳건히 하기 위해 언론 통제를 하면서 방송이나 신문에 등장하는 기사에 괄호를 하거나 단어를 대체시키고 부드러운 표현이나 암시를 사용하게 하고 기사의 중요성을 무시한 채 편집하도록 강요하는 것을 볼 수 있는데, 이와 같은 작업이 꿈을 형성하는 과정에서도 똑같이 쓰인다. 한마디로 말해 검열은 억압하는 힘의 표현이며 이를 통해 본래의 꿈의 의미인 꿈의 사유는 상당한 정도로 왜곡된다. 그 다음으로는 '압축'(condensation)의 작업이 있다. 이는 드러나지 않는 진정한 꿈인 잠재몽이 생략되거나 내용이 훨씬 적어져서 드러나는 꿈인 현현몽으로 나타나는 것을 말한다. 그러나 반대로 현현몽이 잠재몽보다 많아지는 경우는 절대로 없다. 프로이트는 이 압축을 텍스트 내용이 축약되고 간결하게 변형된 것이나 누락된 표현에 비유하고 있다. 예를 들자면, 꿈에 한 인물이 나타나는데 그 얼굴 모양은 친구인 갑 같고 옷 입은 것은 을이나 병 같은데 실제로는 정이라는 사람으로 나타나는 경우가 있겠다. 다음으로는 '대치'(déplacement)가 있다. 이는 꿈이 우리의 심리적 생활에서 아주 하찮고 시시한 것을 중심으로 전개되는 경우인데, 이는 잠재몽의 내용이 자신의 심리적 강도나 가치의 중요성을 배재한 채 꿈의 대수롭지 않은 현현몽 속으로 자신을 숨기는 것을 말한다. 그 다음으로는 '형상화'(figuration)이다. 이는 잠재몽이 현현몽으로 변화할 때 시각적 상으로 대체되는 현상을 일컫는 말이다. 꿈의 사유 전

부가 시각화되는 것은 아니지만, 현현몽의 대부분이 이 형상화로 구성되는 것은 사실이다. 마지막으로 '상징화'(symbolisation) 과정이 있다. 프로이트에 따르면 꿈속에서는 종종 여러 개의 전형적인 상징들이 나타난다고 한다. 고대의 민담이나 전설, 신화 등에 나타나는 상징과 유사하다고 한다. 예를 들어 남성의 성기가 날카로운 칼이나 창, 총 등으로 표현되고, 여성의 성기가 오목한 형태의 구멍이나 동굴, 그릇 등으로 표현된다.

8) 독자 자신을 위해서도 리쾨르의 작업을 위해서도 20세기의 인간 이해의 지평을 열어젖힌 프로이트 작품들을 꼭 읽어보도록 하자. 예술에 관한 논의에 대해서는 『창조적인 작가와 몽상』(열린책들, 1996), 『농담과 무의식의 관계』(열린책들, 2004) 등을 읽어보자.

9) 1차 위상학은 정신 현상을 의식 - 전의식 - 무의식으로 나누어서 접근하는 것을 일컫고, 1920년 이후 프로이트는 이드 - 자아 - 초자아라는 2차 위상학을 내세운다.

10) 출애굽기 3장, 예레미아 3, 32장, 이사야 63장. 마태복음 11장 등등.

11) 예를 들어 l'identité narrative(narrative identity)와 같은 주요한 개념에 대해서는 졸저(『폴 리쾨르 철학』), pp.211~222 참고. 필자는 여기서 이 개념에 대한 번역 및 이해의 다양성과 그에 따른 철학적 함의의 다양성을 논한 바 있다.

12) 이 관계들의 총합을 우리는 흔히 "세계"라 부른다. 소쉬르의 유고작인 『일반언어학강의 Cours de linguistique générale』(최승언 옮김, 민음사, 1990)에서는 거의 언급되지 않은 요소이다.

13) 독자들이 방금 읽은 단락과 그 다음 단락은 2005년 계간 『철학과 현실』 가을호에 얼마 전 타계한 리쾨르를 회고하는 특집에서 필자가 기고한 글

의 부분적 논의가 받아들여진 바다. 독자들의 발품을 팔지 않게 할 작정으로 『철학과 현실』에 기고한 필자의 이 글을 부분 수정하여 본 해설서의 부록으로 삽입해 놓았다. 리쾨르 철학 전반과 데카르트 철학의 연관성을 궁금해하는 독자들이 읽어본다면 도움이 될 것이다.

14) 이 점에 대해서는 졸저(『폴 리쾨르 철학』), 제4장("언어와 주체: 텍스트 해석학을 중심으로") 참고.

15) 이 항목은 졸저(『폴 리쾨르 철학』), 제4장("언어와 주체: 텍스트 해석학을 중심으로")의 논의를 토대로 본질적인 논점을 변경하지 않은 채 여기서의 맥락과 부합되게 수정하고 가필해보았다.

3부

1) 이 자리를 빌려 『해석의 갈등』을 우리말로 빛 보게 하신 번역자이자 그 책의 말미에 추가할 것이 별로 없는 아주 상세한 연보를 달아주신 양명수 선생님께 감사드린다. 본서 3부의 리쾨르 연보도 그것에 많이 의존했음을 밝혀둔다.

부록

1) 이 글은 계간 『철학과 현실』에서 리쾨르 타계를 기념하기 위해 마련한 2005년 가을호 특집 리쾨르 회고에 실린 것으로, 결론의 일부를 추가하고 중간 중간 수정한 곳이 몇 군데 있다. 아울러 내용상 불가피하게 본서 2부와 중복되는 부분이 있어 이 점 독자의 양해를 바란다.

2) 리쾨르, *De l'interprétation: essai sur Freud*, Seuil, 1965. p.40. 실제로 프로

이트에 관한 철학적 해석을 시도한 이 저작에는 "의심학파"(*l'école du soupçon*) 와 "세 대가(大家)"(trois maîtres)라는 표현만 나오는데 필자가 이를 합성해서 만들어보았다.

3) 프랑스 「르몽드 *Le Monde*」지에 심장이 좋지 않았던 리쾨르가 2005년 5월 19~20일(목~금) 밤사이에 타계했다고 보도된 바 있다.

4) 개괄의 오류를 감내하고 말해보자면, 신체의 물음에 대한 탐구가 리쾨르 철학의 전기(1950년대까지)를 이루며, 언어의 문제에 대한 해석학적 성찰 이 중기(1960~1980년대말)를 형성하고, 타자에 관한 윤리적 문제 및 제도 그리고 역사(1990년 이후)에 관한 사회·정치 철학적 성찰이 말기를 이룬다고 말할 수 있을 것이다.

5) *Karl Jaspers et la Philosophie de l'existence*, Editions du Seuil, 1947. 그리고 *Gabriel Marcel et Karl Jaspers: Philosophie du mystère et philosophie du paradoxe*, Editions du Seuil, 1948.

6) 리쾨르, 1950, Aubier.

7) Ibid, p.17.

8) 기술적(형상적) 현상학적 방법론의 한계에 대한 명시적 자각에 대한 언급 은 이 주저의 도처에서 눈에 띈다(참고, 서론 전체와 p.204, 261, 263, 264 등).

9) 리쾨르, 『텍스트에서 행위에로 *Du texte à l'action*』, Seuil, 1986, p.29.

10) 난해하지만 창의적인 이 개념에 대한 보다 진지한 전체적인 맥락의 논의 와 이해를 위해서는 필자의 졸저, 『폴 리쾨르의 철학』, 철학과현실사, 2004, 제9장("리쾨르의 자기동일성 이론, 그 의의와 한계") 참고.

11) 리쾨르, 『한 타자로서의 자기 자신 *Soi-même comme un autre*』, Seuil,

1990, pp.11~38 참고.

12) 이 용어는 리쾨르가 직접 사용하고 있다. 1950, p.13.

13) Ibid, p.12.

14) Ibid, p.148, 278.

15) Ibid, p.184.

16) 이런 전통에의 "귀속성"(Zugehörigkeit)이 리쾨르로 하여금 후설 현상학의 수용과 그 발전 방향에 대한 예비적이고도 내면적인 친밀성을 형성하게 했을 뿐만 아니라, 해석학적 접목(greffe)을 유도하고 오히려 반성철학과 현상학이 해석학적 변형을 가능하게 하는 지반이라는 점이 리쾨르의 초기 저작들과 그 이후 저작들 사이의 연결점을 고민했던 필자 나름의 독후적(讀後的) 판단이다.

17) 리쾨르, Aubier. 1960.

18) 리쾨르, Seuil, 1965.

19) 리쾨르의 불역을 그대로 직역한다면, "욕망의 인간으로서 나는 가면을 쓴 채로 등장하게 된다."

20) 1965, p.39.

21) Ibid, p.52.

22) Ibid, p.425.

23) Ibid, p.413, 435.

24) 들뢰즈, 김상환 옮김, 민음사, 2004, p.250.

25) 프랑스와 도스, 『폴 리쾨르-삶의 의미들』, 이봉지·한택수·선미라·김지

혜 옮김, 2005, 동문선, p.369 이하 참고.

26) 1965, p.407 이하 참고.

27) Ibid, p.425.

28) Ibid, p.417.

29) Ibid, p.43.

30) Ibid, p.426.

31) 리쾨르는 "철학의 사명을 개념들을 통해 실존을 해명하는 것"(1950, p.20)이라고까지 말하고 있다.

32) 리쾨르, 1986, p.31, 117.

33) 이 개념어들은 리쾨르의 1990년 저작(*Soi-même comme un autre*) p.15, 22 등.

34) Ibid, p.15.

35) Ibid, p.14.

36) Christian Delacampagne, *Le monde*, 2005년 5월 22일(인터넷판) 리쾨르 타계 추모 기사.

37) 타계 전에 이루어진 가장 최근의 한 인터뷰(*L' Herne Ricoeur*, Editions de L' Herne, 2004, p.17)에서 리쾨르는 철학자로서의 명성과 인정에 대한 질문을 받고 푸코와 들뢰즈를 들며 "내가 가장 감탄해 마지않는 사유자들"이라고 말한 바 있다. 필자는 이 인터뷰를 읽고서 이 감탄의 맥락과 이유들, 그리고 보다 구체적인 정황들을 포착하여 이 철학자들을 대면시키거나 비교해보는 글을 언젠가는 꼭 써보고자 하는 강한 자극을 받았다.

38) 리쾨르, 1990, pp.22~27.

39) Ibid, p.15.

40) 이런 점에서 리쾨르는 데카르트처럼 '두 실체(영혼/신(물)체)-두 속성'을 주장하는 것이 아니라, 피터 스토로슨(Strawson)이 주장하는 '기본 개별자(person)-두 속성(심리/물리적 속성)'을 지지하고 있다(Ibid, p.43 이하 참고).

41) 이럼 점에서 데카르트의 코기토는 하이데거가 생각하는 새로운 (주체?) 범주인 각자성(各自性, Jemeinigkeit)을 가진 "바로 우리 자신인 현존재"와도 한참 먼 관계에 있다.

42) 리쾨르는 "자기"(自己, soi, self)라고 칭한다. 이 점에 대한 비교적 상세한 설명은 졸저 3장("리쾨르와 주체 물음") 참고.

해석의 갈등 인간 실존과 의미의 낙원

펴낸날	초판 1쇄 2005년 11월 15일
	초판 2쇄 2021년 1월 6일

지은이	**김영균**
펴낸이	**심만수**
펴낸곳	**(주)살림출판사**
출판등록	1989년 11월 1일 제9-210호

주소	**경기도 파주시 문발동 522-1**
전화	**031-955-1350** 팩스 **031-955-1355**
홈페이지	http://www.sallimbooks.com
이메일	book@sallimbooks.com

ISBN	978-89-522-0444-1 04080
	978-89-522-0314-3 04080 (세트)

※ 값은 뒤표지에 있습니다.
※ 잘못 만들어진 책은 구입하신 서점에서 바꾸어 드립니다.